WALL STREET

MICHAEL DOUGLAS
CHARLIE SHEEN
DARYL HANNAH

UN FILM DE OLIVER STONE

WALL STREET

TWENTIETH CENTURY FOX PRÉSENTE
UNE PRODUCTION EDWARD R. PRESSMAN
UN FILM DE OLIVER STONE
avec MICHAEL DOUGLAS - CHARLIE SHEEN
DARYL HANNAH - MARTIN SHEEN - WALL STREET
HAL HOLBROOK ET TERENCE STAMP
MUSIQUE ORIGINALE STEWART COPELAND
DIRECTEUR DE LA PHOTOGRAPHIE ROBERT RICHARDSON
COPRODUCTEUR A. KITMAN HO
SCÉNARIO DE STANLEY WEISER & OLIVER STONE
PRODUIT PAR EDWARD R. PRESSMAN
D'après le livre de Kenneth Lipper (Éditions Presses Pocket)
Couleurs par Deluxe ® Enregistrement
RÉALISÉ PAR OLIVER STONE
Produit en association avec American Entertainment Partners L.P.
DISTRIBUÉ PAR TWENTIETH CENTURY FOX FRANCE

KENNETH LIPPER

WALL STREET

d'après un scénario original de
Stanley Weiser et Oliver Stone

PRESSES POCKET

Traduit par Cécile et Ives Trevian

Publié avec l'accord de
BERKLEY Publishing Group

ISBN : 2-266-02108-7

A Michael Bennett et Jeff Byers,
Créativité et Amitié Trop Tôt Emportées...

1

Devenir un escroc fut pour Bud Fox l'expérience la plus passionnante de sa carrière à Wall Street. Tout commença le 15 juin 1985 sur les marches d'une station du métro new-yorkais.

Ce matin-là, comme chaque jour de la semaine, Bud Fox s'arrêta à l'entrée de la bouche de métro pour acheter le *Wall Street Journal*. Bud et le vendeur pakistanais auquel il tendit ses cinquante cents accomplissaient ce rituel quotidien si prestement et si mécaniquement qu'ils n'avaient pas échangé un seul mot en trois ans. Le jeune homme se procura un beignet à la cannelle et un gobelet de café auprès du marchand ambulant qui pratiquait son négoce en haut de l'escalier et, ingurgitant le tout, s'enfonça dans les entrailles de la station. La perspective de l'éreintant trajet entre la 72e Rue et Wall Street n'aurait su entamer l'énergie et l'enthousiasme de Buddy. « Le parcours du combattant, l'entraînement pour le corps à corps de la finance », songea-t-il, confiant.

Bud portait son costume gris foncé à fines rayures rouges de chez Paul Stuart, une chemise blanche, une cravate en soie rouge et des chaussures noires. Il ne pouvait s'empêcher de se demander pourquoi ce genre d'uniforme ruineux était de rigueur dans sa branche alors que dans le feu de l'action chacun tombait la veste, retroussait ses manches et desserrait sa cravate. « Je ne serai pas celui qui bousculera les traditions. Ne pas sortir du troupeau, si on veut s'en sortir », se dit-il en haussant les épaules.

Fox franchit le portillon et se retrouva bientôt prisonnier au sein d'une foule compacte qui se pressait autour d'invisibles repères sur le quai. Des années d'attente angoissée avaient appris aux voyageurs à quel niveau s'ouvraient les portes des voitures.

L'express de la 7e Avenue entra en rugissant dans la station. Sur les parois de chaque wagon s'étalaient d'agressifs graffiti rappelant à quiconque l'aurait oublié que rien n'allait plus en ce bas monde. Dans l'inconscient collectif des usagers du métro rôdait la grande peur du Pousseur, un démon exprimant aveuglément sa rage en précipitant sous les roues du monstre de fer des offrandes humaines. La foule s'éloigna comme un seul homme de la bordure du quai. Buddy, le nez dans son *Wall Street Journal*, se laissa porter par le mouvement alors qu'autour de lui chacun essayait de maintenir sa position relative.

Tandis que les portes du métro s'ouvraient brusquement, des passagers furent précipités sur le quai par la force de propulsion en action derrière eux. La foule massée devant les voitures affirma son intention d'occuper l'espace qui se libérait avant même que les rescapés n'aient pu évacuer les lieux. Coups d'attachés-cases dans les rotules, bourrades dans l'aine et crissements de verres de lunettes annoncèrent l'inévitable choc entre attaquants et défenseurs. Une rencontre sans arbitre. Un match auquel seules mettraient fin l'ouverture et la fermeture répétées des portes d'acier du métro.

Fox se blottit dans le coin qu'il occupait à présent dans le compartiment, maudissant les traînards qui le mettaient en retard en bloquant les portes. Trois secondes plus tard, comme si avait retenti un coup de sifflet silencieux, les vaincus reculèrent et le métro bondé s'ébranla dans un concert de grincements.

Tandis que la masse compacte des voyageurs ondulait sur place au rythme des cahots, Bud coinça son attaché-case entre ses jambes, dégagea ses mains et reprit la lecture de son journal à la mode métro. Il remarqua qu'il était l'un des rares passagers à lire un journal financier. « Un faux pas et je me retrouve à Queens avec les autres » marmonna-t-il.

Le quotidien était plié en seize. Seul l'article qu'il

lisait était exposé obliquement au-dessus de la mer de têtes qui l'entourait. Bud semblait satisfait d'avoir maîtrisé cette technique de lecture, signe distinctif des New-Yorkais purs et durs. De pouvoir l'appliquer en toutes circonstances.

Alors qu'il survolait la rubrique « Les nouvelles du jour » en première page du *Wall Street Journal*, les mots « Jackson & Steinhem... vendu » lui sautèrent aux yeux.

Jackson & Steinhem, la prestigieuse banque d'affaires, a accepté de céder 100 % de ses actions au groupe d'assurances la Tempérance pour la somme de 1,2 milliard de dollars. L'établissement financier a allégué un besoin accru de capitaux dans des marchés toujours plus fluctuants et son désir de mettre en place une stratégie globale. La Tempérance entend renforcer l'équipe de vente actuelle et lui confier la distribution de ses polices d'assurance. On enregistre la démission de dix des trente associés de la société. Hiram Jackson, âgé de quatre-vingt-quatre ans, s'élève contre la politique du « profit à tout prix » qui, prédit-il, finira par « saper les bases du temple ».

Le cœur de Buddy s'arrêta de battre. Cherchant à retrouver son aplomb, il agrippa inconsciemment l'épaule de la femme entre deux âges qui se tenait devant lui. Dans son esprit en ébullition, les pensées se télescopaient. Ce ne peut être vrai... Tout ce qui est imprimé dans le *Journal* est à prendre pour argent comptant... Rien à faire... aucun recours. Tout est foutu... Je peux dire adieu à mon statut d'associé... Me voilà condamné à rester toute ma vie un simple employé... comme mon père.

Buddy se remémora avec une ironie amère le conseil que lui avait donné son père de préférer à d'autres propositions plus alléchantes l'offre de Jackson & Steinhem :

– Oublie le pognon, fiston. Entre dans une vieille société qui a fait ses preuves et dont tout le monde a entendu parler. Tu y deviendras associé. On te respectera.

La réalité immédiate reprit le dessus alors que le métro s'immobilisait avec force grincements. Le trajet de vingt minutes avait duré les trois quarts d'heure habituels. A huit heures trente du matin, Buddy était épuisé et dégoulinant de sueur. Sa chemise lui collait à la peau et son costume n'était plus qu'un chiffon. Il escalada l'abrupt escalier métallique et se retrouva à l'air libre, sur Wall Street.

Il avait l'air vieilli. Sa démarche était plus lente, son pas moins alerte. Pour la première fois en trois ans, il jeta un regard derrière lui, vers la bouche de métro qui se vidait, et secoua la tête d'un air dégoûté.

« Bon Dieu, ça ne devrait pas être si dur. Pas après avoir trimé comme j'ai trimé. Et tout ça pour quoi? Pour suer comme une bête dans ce métro surchauffé avant d'aller me faire mettre la cervelle en capilotade chez Jackson & Steinhem. »

Les yeux chassieux, Buddy traversa William Street à la suite d'un détachement de piétons à l'air maussade. Occupé à relire l'entrefilet sur Jackson & Steinhem, il se fraya à l'aveuglette un chemin entre les voitures et les taxis jaunes, inconscient des coups de klaxon impatients et des furieux « Alors, Ducon, on se réveille?! » Il dépassa sans la voir la racketteuse aux douze chats qui, tournée vers Trinity Church, se signait, rendant grâce au Seigneur pour sa fructueuse collecte de la nuit.

Les rues étroites du quartier des affaires se dévidaient, sinueuses, jusqu'à l'angle de Wall Street et de Broad Street. Buddy fit une pause avant de traverser la rue. De là où il était, il avait vue sur la réponse américaine au Parthénon, aux pyramides et à Jérusalem : le Treasury Building, la Morgan Guaranty Trust Company et la Bourse de New York. Il avait toujours admiré la pérennité et le pouvoir de ces institutions. Au bout de Wall Street se dressaient, donnant sa légitimité à l'œuvre de Dieu dans la main de l'homme, les flèches de Trinity Church.

Mais ce jour-là, Buddy détecta un imperceptible relent de mort autour de ces institutions apparemment immortelles. Sur les façades environnantes, avaient été effacés les noms des anges déchus, des faibles et des cupides qui avaient été contraints de fermer ou de fusionner. Pas de monuments commémoratifs pour les Lehman Brothers, Hayden Stones, DuPont Glore Forgan, Kuhn Loeb, Walston & Co, Loeb Rhoades,

Shields, Goodbody & Co, White Weld, Halsey Stuart, McDonald & Co. Aujourd'hui, sur cet invisible mémorial, venait d'être gravé le nom de Jackson & Steinhem.

L'immeuble de grès datant de la guerre de Sécession qui abritait les douze étages du quartier général de Jackson & Steinhem était sis dans une ruelle donnant sur Broad Street. Sa subtilité architecturale semblait avoir conclu une trêve précaire avec l'écrasante puissance du gratte-ciel de verre voisin qui le dominait du haut de ses quarante étages.

Plus de la moitié des trente associés de Jackson & Steinhem gagnaient, comme la presse l'avait précisé preuves à l'appui, plus d'un million de dollars par an tandis que les revenus des autres avoisinaient les six chiffres. Cependant, chaque associé ne pouvait empocher plus de 200 000 dollars de salaire annuel, devant réinjecter le surplus dans la firme. Avec un capital de 600 millions de dollars, Jackson et Steinhem était l'un des plus grands établissements financiers privés, même s'il n'aurait pu prétendre rivaliser avec Merrill Lynch ou Salomon Brothers.

Buddy appréciait le style discret, personnalisé, de cet établissement fondé cent dix ans plus tôt. Chez Jackson & Steinhem, il apprenait le métier, se formant au contact des autres, participait à la vie de la communauté financière, se façonnait peu à peu une image d'homme de culture, de citoyen du monde. La firme avait formé deux ministres, des légions de conseillers de la Maison-Blanche, et bon nombre de sociétés de premier plan et d'institutions à but non lucratif comptaient des anciens de chez Jackson & Steinhem parmi les membres de leur conseil d'administration. Tout le monde savait que la maison sélectionnait ses associés avec le plus grand soin, tant sur des critères de personnalité que de compétence. L'accession à ce statut était en elle-même un garant de respectabilité.

Buddy pénétra dans le hall de marbre, mit son journal au panier et alla se coincer dans un ascenseur bondé. Autour de lui, arborant un visage inexpressif, chacun semblait perdu dans ses pensées. Si d'aventure un regard en rencontrait un autre, les deux paires d'yeux se détournaient à la hâte. Enfin l'ascenseur s'immobilisa en douceur.

Dans le couloir, Buddy croisa une jeune secrétaire noire à l'air enjoué.

– Ça va, Buddy?

– Pas très fort... tu as lu les journaux, ce matin?

Le mépris secret qu'éprouvait Carol pour le système, celui d'une personne de couleur qui, quoi qu'il arrive, sera toujours une laissée-pour-compte, rida la surface polie de sa résignation.

– T'en fais pas, ce genre d'événements n'affecte en rien la vie des gens comme nous. Quelques associés foutent le camp, les autres restent... tous s'enrichissent au passage. Pour nous, rien ne change, si ce n'est que j'ai entendu dire que les compagnies d'assurances avaient des systèmes de participation super pour leurs employés.

Le ton sarcastique de Carol laissa Buddy interdit.

Buddy continua son chemin vers la salle de courtage, sans très bien savoir à quoi s'attendre. Ce à quoi il ne s'attendait pas, en tout cas, c'était d'y être accueilli par l'habituelle ambiance d'activité survoltée.

Un vacarme sourd enveloppait la salle de courtage comme un brouillard matinal montant d'un lac, ensevelissant peu à peu tout le paysage. Sauf qu'ici, aucun soleil ne viendrait déchirer ce voile sonore. Les téléimprimeurs sifflaient, les téléscripteurs des agences Reuter et Fil Dow Jones crépitaient, les télétypes crachotaient, les haut-parleurs hurlaient, des voix humaines informaient, suppliaient, exigeaient, s'excusaient... Quand Buddy apparut sur le seuil de la salle, le directeur des ventes, Hy Lynch, était au micro, tonitruant le menu du jour :

– Soyez vigilants, les gars, aujourd'hui. L'indice de Nikkei a frôlé les 90 points, hier soir, à la clôture. Nous nous attendons à une ruée sur les valeurs japonaises à l'ouverture. Nous vendons 200 000 Steel, un million de Big Blue, 350 000 Pork & Beans. Nous cherchons à acheter 150 000 ARCO et 100 000 Standard Oil. A vos téléphones! Contactez vos zinzins * et tenez-moi au courant de leurs appétits pour Commonwealth, notre

* En argot boursier : investisseur institutionnel.

priorité du jour. La boîte est le chef de file du syndicat d'émissions. Nous devons nous activer. Consultez vos données informatiques page A-6 pour plus de détails. Harry indique qu'il y a eu un arrêt du mouvement de baisse des taux d'intérêt. Reportez-vous à la hiérarchie... Nous avons 100 millions de dollars de créances à mettre en pension. Signalez tout client intéressé. O.K., les gars, au boulot.

Par son immensité, la salle de courtage carrée faisait songer à une espèce de forum romain couvert, mais la densité de la population au mètre carré rappelait plutôt les colonies flottantes de Macao. Un millier de cabines de plastique, séparées par des cloisons s'arrêtant à hauteur d'yeux, couraient d'un mur à l'autre. Il était difficile de croire que, au milieu de cette faune, se trouvaient les professionnels de la finance les plus diplômés, les plus doués et les mieux payés des États-Unis.

L'apport constant de données nouvelles, la circulation de l'information étaient le sang, la substance vitale de Jackson & Steinhem. Courtiers et négociants n'étaient que les liaisons semi-autonomes d'un colossal réseau télématique. Six terminaux d'ordinateurs étaient entassés dans chaque cabine, affichant en permanence des informations sans cesse réactualisées. Actions, devises, cours des métaux, obligations, créances, certificats de dépôt. Chaque poste de travail était équipé d'une console de quatre-vingt-dix lignes et d'un combiné noir qui pendait à un crochet. Les voyants matérialisant les lignes clignotaient continuellement, ne s'immobilisant que lorsque les appels étaient enfin pris. Le clignotement incessant de ces témoins lumineux, joint aux scintillements des graphiques multicolores, des diagrammes et des analyses linéaires sur les écrans omniprésents, créait dans les cabines une tension, un sens du risque habituellement réservé aux tours de contrôle.

– Réveillez-vous! Prenez-moi ces lignes. Vos bon Dieu de téléphones s'impatientent!

– Jack, prends la 02. Pru veut la tendance à Tokyo en clôture. Joe, où est le télex de juillet concernant les ventes de platine?

– Prends la 6. Alliance se retire des pétroles.

– Dreyfus veut une ligne pour 12 h 45, quand nous

commencerons à fixer les cours pour d'adjudication des bons du Trésor.

– Research vient de dégringoler. Vends... Balance tout!... 50 000 a un huitième, un huitième...

Ayant tout juste réussi à ne pas se faire renverser par les courtiers, les négociants, les commis et les associés qui se bousculaient dans les allées, Buddy laissa tomber son corps inerte dans son fauteuil pivotant et sombra, impuissant, dans le courant tumultueux qui déjà l'emportait. Tendant rituellement la main vers les petites lumières clignotantes, il décrocha son combiné et céda à l'habitude de vendre.

– Jack vend 30 000 avec une limite à 3/8, oublie les cents... je peux être long à 23... Tu fais ce que tu veux... Monsanto?... reste en ligne, je vérifie. Ça a pris un quart de point... Combien en veux-tu? Attends! Joan, 40 000 Monsanto pour la Caisse de retraite des enseignants... Sans engagement. Interroge le marché.

L'attention de Buddy se porta soudain sur Mervin Wycoff, le jeune courtier de trente-deux ans, déplumé et couvert de taches de rousseur, avec qui il partageait sa cabine depuis trois ans. Les mouvements rapides, saccadés de Marvin reflétaient sa personnalité nerveuse, tandis qu'il allait et venait au bout du cordon de son téléphone. Dans l'immense salle de courtage, des centaines de jeunes gens semblaient ainsi suspendus à un fil téléphonique, autant de girouettes tributaires d'une spasmodique danse du vent.

– Il nous ont baisés, Marv. Marchés fluctuants, volatilité... stratégie globale... va te faire foutre, des conneries tout ça! C'est Steinhem qui a raison quand il parle de cupidité...

– J'ai pas de conseils à te donner, Buddy, mais tu ne devrais pas prendre ça tant à cœur. Les affaires sont les affaires.

L'indifférence de Marvin déconcerta Fox.

– Il a fallu quatre générations pour bâtir la réputation et la clientèle de Jackson et Steinhem, pour faire de la boîte ce qu'elle est devenue. Un long investissement. Dont le produit est aujourd'hui confisqué par les actuels associés, qui le volent à leurs prédécesseurs et aux générations futures. Je te rappelle qu'ils ont empoché 1,2 milliard de dollars.

Marv se désintéressait visiblement de l'aspect sociologique du problème.

– Écoute, je pense que nous pouvons nous faire pas mal de fric, avec la Tempérance. Nous vendrons des titres et des polices d'assurance à des gens pleins aux as. Et pour une commission décente, ce qui ne nous fera pas de mal!

Il réfléchit un instant :

– Les choses ont bien changé depuis l'époque des commissions fixes. Ce n'est pas en traitant avec des investisseurs institutionnels pour une commission de trois ou quatre cents par action qu'on peut s'en sortir. Nous étions en train de crever, Bud. J'ai entendu dire que les plus grands n'allaient pas tarder à traiter directement entre eux, par ordinateur, coupant ainsi l'herbe sous le pied aux intermédiaires. Crois-moi, cet arrangement est peut-être triste mais toi et moi, on a tout à y gagner.

– Tu ne peux donc penser qu'au fric, Marv? Nous avons tout perdu. Nous allons faire partie d'un conglomérat, devenir les employés d'un supermarché financier. Ça fait trois putains d'années que je travaille à côté de toi, que je te vois faire des histoires pour un oui ou pour un non, et aujourd'hui que tu as vraiment des raisons de râler, tu restes là sans rien dire, sans réagir, passif. Je ne te comprends pas. Regarde derrière toi, tu as vu la bobine que tire Billy Glass? On lui avait promis le statut d'associé pour le mois de septembre, du fait qu'il avait mis sur pied le département des junk bonds *. Il en avait sa claque de la boutique et c'est uniquement dans l'espoir de passer associé qu'il est resté... onze ans. A trois mois de toucher au but, d'avoir enfin l'indépendance financière, le pouvoir, une position prestigieuse, il se retrouve du jour au lendemain salarié dans une compagnie d'assurances. Tu trouves ça normal, toi?

Ce fut d'un ton contrarié mais froid, pratique, que Wycoff répondit :

– Contrairement à toi, je n'ai jamais avalé leurs

* Littéralement : Obligations pourries. Obligations à haut risque et à haut rendement émises par des sociétés considérées comme de mauvais emprunteurs.

boniments. Je n'ai jamais cru que j'avais mon mot à dire, qu'un jour j'aurais l'honneur d'être bombardé associé. Écoute, Buddy, je ne peux pas me permettre de jouer les philosophes. J'ai une femme, deux enfants inscrits dans une école privée, un prêt à rembourser et une pension alimentaire à cracher. Ouais, l'argent, c'est important pour moi. C'est ce qui me permet de vivre.

De l'autre côté de l'allée, Dan Hickey se leva, visiblement agité. C'était un homme imposant, vêtu d'un veston croisé sur le revers duquel était épinglé un œillet rouge. Alors que tout le monde ou presque travaillait en bras de chemise, Dan et le « vieux pro », Lou Manheim, ne tombaient jamais la veste, ne desserraient jamais leur cravate, qu'ils portaient sur des chemises blanches impeccablement amidonnées. Hickey était l'un des derniers survivants de la « Maffia irlandaise », qui avait dirigé la firme à la fin des années quarante. Sur son visage rouge se lisait une rare lassitude.

– Barrez-vous tant que vous êtes jeunes, les enfants. Je suis arrivé là un beau matin pour ne plus jamais repartir, et regardez de quoi j'ai l'air aujourd'hui, lâcha-t-il d'un ton inhabituellement sobre.

– Oh, arrête ton char, Danny! s'exclama Chuck Cushing, fragile rameau d'un vénérable arbre généalogique. Les noms changent, les patrons se succèdent, mais les choses restent essentiellement les mêmes. Tant que la boîte me permet de me payer mes caprices, pêche à la mouche, golf, tir et poupées de dix-huit printemps, je suis parfaitement content de mon sort. Vous les gars, vous êtes malheureux parce que vous pensez trop.

– Ne t'inquiète pas, Dan, je me remettrai. Une fois dans le coup, je serai content de mon sort, moi aussi, dit Bud d'un ton peu convaincant.

Mais Hickey était remonté :

– A Wall Street, il n'y a qu'une chose qui compte : fourguer des titres. Chaque journée qui commence est une page blanche. On est trop inquiet du lendemain pour pouvoir jouir de ses succès du jour. Nous ne sommes que des machines à vendre. On nous exploite au maximum et quand nous ne sommes plus productifs, on nous met à la casse.

Hickey ne s'était même pas rendu compte qu'il criait.

– On s'invente un rêve là où il n'y a qu'une impitoyable réalité. Et alors, il faut faire gaffe. On finit par croire au père Noël. C'est dangereux, très dangereux. Foutez le camp tant qu'il est encore temps!

Buddy se leva tranquillement de son siège et s'approcha de Lou Manheim, associé majoritaire responsable du département de courtage depuis près de trois décennies. Lou aimait bien Buddy, parce qu'il avait su s'élever au-dessus de sa condition. Parce que son sens de la loyauté n'avait pas été corrompu par une formation classique. Bud Fox était un négociant en titres selon son cœur, un professionnel dans la grande tradition Jackson & Steinhem.

Le « vieux pro » avait toujours refusé d'avoir un bureau personnel. Il dirigeait les opérations au milieu de ses troupes, assis derrière une petite table tout au bout de la salle de courtage. Cet homme de soixante ans, aux cheveux blancs et à la silhouette élancée, passait ses journées à « marcher et à parler », activités essentielles dans un métier où l'information tenait lieu d'oxygène.

Manheim ne croyait plus depuis longtemps aux techniques d'analyse financière prônées par Graham and Dodd. Il n'avait que mépris pour les tuyaux obtenus à la source, les rumeurs de la corbeille, les toquades. Quelques-uns des plus jeunes négociants l'avaient surnommé « Couilles-en-fer », hommage ambigu à cet homme qui avait survécu aux modes et aux tempêtes. Lou Manheim ne se sentait guère à l'aise avec cette nouvelle race de professionnels. Pour la première fois en quarante ans de carrière, il avait parlé de prendre sa retraite. Il était d'humeur morose.

– Lou, comment est-ce qu'une telle chose a pu arriver?

– Le gigantisme et les gros salaires, Buddy, ce sont là les cancers qui rongent des boîtes comme la nôtre. La boutique a grandi... parce que tout le monde grandissait... Avant que quiconque n'ait pu s'en rendre compte, chaque journée de travail nous coûtait 20 millions de dollars. 20 millions, ça fait un sacré volume de transactions. Chaque jour! La réponse... des opérations de plus en plus risquées pour couvrir les frais généraux et des bureaux à Londres et à Tokyo pour trouver de nouveaux marchés. Un personnel plus nombreux, davantage de risques, un capital plus important, plus de frais généraux...

« ... La proposition de la Tempérance est arrivée et une vague de peur a déferlé sur les associés. La totalité des biens de chacun était immobilisée ici. D'une certaine façon, je suis content d'être un vieil homme, Buddy. »

2

Cent dix ans de tradition ne résistèrent pas à l'offensive de dépersonnalisation et à la cadence infernale qui s'instaurèrent pour couvrir des frais généraux en expansion constante. Avec la Tempérance, la société vit sa taille doubler. La salle de courtage fut réaménagée pour répondre aux nouvelles exigences de l'établissement, son atmosphère devenant aussi étouffante que celle d'un souk.

Bordereaux d'heures, organigrammes, circulaires définissant comment devaient se vêtir et se comporter les employés de la maison, les relations qu'ils devaient entretenir les uns avec les autres, formulaires à remplir, justificatifs à fournir, manuels de recyclage à lire et quotas de ventes à respecter furent autant de manifestations de l'explosion bureaucratique de la firme. Des caméras vidéo furent installées sous les faux plafonds tout neufs, des micros placés dans chaque récepteur téléphonique, afin que toutes les communications soient enregistrées et ce – du moins fut-ce l'explication avancée par la direction – pour réduire les possibilités de litiges avec les clients. Les directeurs purent donc suivre en direct les conversations de leurs employés. Des listes téléphoniques furent distribuées par ordre alphabétique aux négociants. Bud tomba sur les G... Ga-Ge.

Bud se sentait nerveux et inquiet. « Je ne survivrai jamais dans un tel environnement. Pourtant, il le faut. Je n'ai pas le choix. Secoue-toi, bon sang! Ce sont les transactions, non les relations, qui comptent. L'action.

Ne flanche pas. Continue à faire tes numéros... tu finiras peut-être par décrocher le gros lot », ne cessait-il de se répéter.

En attendant, il décrocha ses diplômes du mur de sa cabine et les fourra avec son trophée de ski au fond de l'un de ses tiroirs.

– Hé, qu'est-ce que tu fous? s'exclama Marvin, visiblement surpris.

– Une fois les entrevues d'embauche passées, personne ne te demande jamais plus quelles écoles tu as faites ou quels sports tu pratiques. Tout ce qui compte, à Wall Street, c'est le nombre de titres que tu arrives à fourguer dans ta journée...

Un voyant s'alluma, interrompant la conversation.

– Buddy, prends la 72, c'est M. Roach. Ce fils de pute prétend qu'il n'a jamais donné d'ordre d'achat pour les 100 options CQS.

Buddy entra en communication avec Harold Roach, l'un des gros investisseurs dont il gérait le compte.

– Salut, Harold. Vous devez avoir oublié. Souvenez-vous, vous aviez dit que votre télétype vous avait donné un tuyau fumant sur les CQS... Non, j'en ai à peine entendu parler... D'accordr, elles ont légèrement baissé. Ce n'est pas moi qui vous ai conseillé d'acheter, alors pourquoi devrais-je vous dire de vendre?

Harold Roach répondit d'un ton placide :

– Je m'en fous. Rendez-les... Que Jackson et Steinhem absorbe la perte.

Buddy essaya de se contrôler. Un intense sentiment de frustration lui fit monter le sang à la tête.

– Non, je ne peux pas les rendre. Les rendre à qui, d'abord? Elles sont à vous... Non, il est sorti pour le moment.

A cet instant, Hy Lynch, le directeur des ventes, un homme frisant la soixantaine, se matérialisa à ses côtés.

– Passez-moi ça.

Avec une grimace, il arracha le combiné des mains de Bud.

– Quel est le problème, monsieur Roach?

Tandis que, hochant la tête, le directeur des ventes écoutait son invisible interlocuteur, Bud lui chuchota d'une voix crispée à l'oreille :

– Il ment, monsieur Lynch. Il ment...

– D'accord. Je vais voir ça avec la comptabilité et je vous rappelle. A votre service.

Il raccrocha et se tourna, l'air furieux, vers Buddy.

– Je clôture ce compte. S'il n'a pas payé d'ici demain, c'est vous qui rembourserez la maison.

– Il ment, monsieur Lynch, je vous jure qu'il ment.

– Fox, nous vous confions l'un de nos gros comptes et vous allez me raconter que le client vous fait des histoires pour un malheureux quart de point...

– Vous n'êtes pas juste, monsieur Lynch. Vous m'avez refilé ce type alors que vous saviez très bien qu'il avait un passé...

Lynch pencha imperceptiblement la tête. Un léger tic agitait sa paupière gauche.

– Fox, mettez-vous bien dans la tête qu'on n'en est plus aux temps où la société épongeait sans sourciller ce genre de perte. Allons-nous poursuivre le client? Les honoraires du moindre avocaillon seraient largement plus élevés que les sommes à récupérer. Mais quelqu'un doit payer pour cette erreur. Et ça ne sera pas moi, mais vous, Fox. Vous m'avez bien compris?

Lynch étreignit le pommeau en forme de tête de taureau de la canne avec laquelle il s'était depuis peu mis à marcher et, branlant du chef, s'éloigna d'un pas pesant, sa silhouette bleue se courbant vers l'accessoire de bois tandis que la douleur se réveillait dans son pied goutteux.

– Fox, vous rapportez à la maison plus d'ennuis qu'autre chose. Secouez-vous... sinon...

Buddy resta là, pétrifié, une saveur amère remontant dans sa bouche desséchée. Il n'aurait su dire ce qui, du dommage financier ou de l'humiliation d'avoir été successivement roulé et désavoué, le mettait le plus en rogne.

– Faut que je me tire d'ici, Marv. Prends mes appels, moi je vais me faire voir ailleurs, là où mes efforts seront peut-être récompensés. J'en ai ma claque de cette bureaucratie pourrie.

– T'emballe pas, Buddy. Ailleurs non plus, tout n'est pas rose.

3

Trois ans plus tôt, Bud Fox avait franchi la distance séparant les deux points les plus éloignés des États-Unis. Il avait traversé le pont de la 59e Rue rattachant Queens à Manhattan.

Buddy était rarement sorti de Queens avant d'aller à l'université. L'image qu'il avait de la Big Apple * avait été façonnée par les visites éducatives qu'il y avait faites avec son école. Le Musée d'histoire naturelle présentait l'évolution comme un phénomène nécessairement positif. Éblouis par les mille feux du plafond voûté du Hayden Planetarium, les petits écoliers noirs et blancs apprenaient qu'un jour tout le monde pourrait voyager dans l'espace. Le Metropolitan Museum montrait que de tout temps les riches avaient possédé de beaux meubles, des bijoux inestimables et des tableaux de maîtres, tandis que le Musée d'art moderne était la preuve que toutes les œuvres d'art n'étaient pas des antiquités.

Les années que Bud avait passées à la Harvard Business School n'avaient pas étouffé ses dispositions romantiques. Il était revenu à New York tout imprégné de *La Source vive* et avait marché sur les traces d'Howard Roark, l'architecte férocement ambitieux décrit par Ayn Rand, de Hell's Gate à la lisière de Central Park.

– Un jour, tout cela sera à moi, répétait-il, faisant écho à Roark.

* Grosse Pomme. Nom populaire donné à Manhattan.

Les lumières des somptueux appartements de la 5e Avenue scintillaient de façon engageante sur son passage. Les interminables limousines alignées devant les auvents des grands hôtels semblaient reconnaître leur vrai maître tandis que l'élégante faune internationale qui passait nonchalamment les portes du *Sherry Netherland* attendait patiemment l'arrivée de M. Fox.

Buddy avait toutes les raisons de croire en sa bonne étoile. Au cours de ses vingt-six premières années, la chance lui avait fidèlement souri. Fils de mécanicien, il avait réussi à décrocher une bourse pour poursuivre ses études à l'université de Dartmouth, puis à la Harvard Business School. Ayant pour la première fois posé les yeux sur une paire de skis à l'âge de dix-sept ans, il avait remporté le prix de la descente de Sugarbush avant la fin de ses études.

Un revenu annuel de 50 000 dollars permettait à Bud de se louer un studio sur la 75e Rue, entre Colombus et Amsterdam Avenue, dans une spacieuse demeure familiale qui avait été divisée en neuf appartements. La fiente de pigeons qui mouchetait sa façade de grès donnait à la bâtisse un petit air triste et abattu. Buddy se félicitait néanmoins d'occuper trente mètres carrés dans un Manhattan surpeuplé pour seulement 1 100 dollars par mois. Mais c'était temporaire, comme il l'avait expliqué à sa mère. Dès qu'il en aurait les moyens, il émigrerait de l'autre côté de Central Park, dans les quartiers huppés de l'East Side.

Hélas, maintenant qu'il était domicilié dans le bon district, il n'avait ni le temps, ni l'énergie et encore moins les moyens de fréquenter les restaurants, les théâtres et les boîtes de nuit. Le travail qu'il ramenait chaque soir chez lui – tableaux, graphiques, listings informatiques, analyses techniques et rapports prévisionnels – avait fait de lui un ermite statisticien. Comme tant de saints hommes, Bud avait le sentiment de se sacrifier à sa vie future. Celle dans laquelle il serait l'un des associés respectés et puissants de Jackson & Steinhem. Le rachat de la firme par la Tempérance était venu mettre fin à ces grandes espérances.

Si Buddy se sentait pauvre et isolé à Manhattan,

c'était toujours d'un cœur léger qu'il arpentait les rues de Queens. Tandis que les avenues de Manhattan donnaient immanquablement l'impression d'exiger de lui une pièce d'identité, les trottoirs de Sunnyside semblaient venir à sa rencontre, comme pour lui souhaiter la bienvenue.

Il gara sa Honda Civic 1983 devant la maison de brique rouge de ses parents. Le carré herbeux qui faisait office de jardin était divisé en son milieu par une allée étroite conduisant aux deux petites marches qu'il fallait escalader pour accéder à la porte d'entrée en bois. Buddy appuya sur la sonnette. Pas de réponse. Sa mère devait être en courses. Dieu savait où. Mais il avait une idée d'où il pourrait trouver son père.

– Salut Buddy, cria M. Birnbaum du seuil de sa boutique, essayant de couvrir le bruit d'un téléviseur portable installé sur une petite table de bridge. Comment va ton père?

– Ça baigne. Je vais justement voir s'il est au *McGregor*.

M. Birnbaum ayant d'un signe invité Buddy à entrer dans son magasin, il le saisit par le bras et l'entraîna vers l'arrière-boutique aux murs couverts de poissons fumés ou séchés, saumons, esturgeons, anguilles, carpes, mosaïque odorante de couleurs et de formes.

D'un geste ample, M. Birnbaum présenta son domaine à Buddy, tel un roi faisant admirer ses terres du haut des tourelles de son château.

– Tu te souviens de mon fils, Mark?

– Bien sûr, monsieur Birnbaum. Qu'est-ce qu'il devient?

– Il se prend pour une huile... il est avocat à Wall Street... bosse quinze heures par jour dans un bureau miteux... étranglé par une cravate, engoncé dans une chemise amidonnée... travaille comme un malade et se débrouille pour gagner moins de l'heure que mon commis. J'ai beau lui dire : « Mark, pourquoi ne reprends-tu pas le magasin, pourquoi ne viens-tu pas vivre au milieu de tes amis? Tu te ferais de bons mois, et tu verrais les tiens. » – Il s'esclaffa. – « Je veux pas transbahuter des caisses et puer le poisson toute la sainte journée, qu'il me répond. Tu m'as pas envoyé à l'université pour que je gagne ma vie dans l'épicerie fine. » Tu pourrais peut-être lui parler, Buddy... T'es un malin, toi. Vous pourriez vous associer, tous les deux.

Buddy prit un air méditatif.

– Je croule sous le boulot, monsieur Birnbaum. Mais je parlerai à Mark, c'est promis.

– Vous les jeunes, vous êtes de sacrés couillons. – M. Birnbaum secoua la tête d'un air perplexe. – Vous vous faites payer par chèques... et qu'est-ce qui vous reste quand le fisc est passé par là? Rien. Dans ma branche, on préfère le liquide... un minimum d'impôts... tout mon bien est caché dans ces saumons fumés, ces esturgeons... mais vous, les petits cons surdiplômés, vous vous crevez la peau pour l'Oncle Sam. Et ça se moque des vrais hommes d'affaires!

Tandis que Buddy s'éloignait, M. Birnbaum cria dans son dos :

– Bien des choses à ton père.

– Je transmettrai. Saluez Mme Birnbaum pour moi.

Continuant son chemin en direction du *McGregor*, Bud passa devant le kiosque à journaux du quartier. Sal Rinaldi leva le nez de son *Penthouse* le temps de lui poser une question dont il connaissait par avance la réponse :

– Alors, mon gars, on fait un carnage, à Wall Street?!

– Ouais, on se défend!

Dans les rues de Sunnyside, régnait toujours une grande animation. Par beau temps, les vieux sortaient leurs chaises pliantes et s'installaient sur le trottoir pour évoquer le passé, échanger leurs souvenirs, discuter politique. Certains allaient faire enregistrer leurs paris dans les locaux bondés de l'OTB *. Les enfants sautaient à la corde ou jouaient à la marelle sous l'œil vigilant de leurs grands-parents. Dans cette même rue où Buddy s'était fait renverser par une voiture quelque treize ans plus tôt tandis qu'il se précipitait sur une bouche d'égout symbolisant sa base d'arrivée, des adolescents munis de battes s'en donnaient à cœur joie.

* Pari mutuel urbain.

Buddy longea l'entrepôt où Susie et lui s'étaient livrés à leurs premières explorations amoureuses. Il n'aimait pas se remémorer leur rupture. Ils sortaient ensemble depuis quatre ans quand Buddy était parti à Dartmouth et Susie entrée à Queens College. Après de nombreuses missives et quelques week-ends sur le campus de Dartmouth, Buddy lui avait dit :

– Nous avons tous les deux besoin de prendre du recul. Si nous cessions de nous voir pendant quelque temps?

Susie avait compris que la présence de sa petite amie de Queens sur ce magnifique campus de la Nouvelle-Angleterre embarrassait Buddy. Elle lui avait rendu la chaînette en or qu'elle portait à la cheville depuis le jour où, jeune collégien, il la lui avait offerte, et avait murmuré :

– Buddy, tu seras très malheureux quand tu auras obtenu ce que tu crois vouloir.

Buddy réalisa que les rues de Sunnyside s'étaient brusquement vidées. C'était le signal que le match de Coupe du monde de football opposant les Italiens aux Irlandais venait de commencer. Chacun s'était précipité chez un voisin ou au bar du coin. A Queens, on aimait prendre du bon temps en groupe. Plus on était de fous, plus on riait. Contrairement à Manhattan où l'on privilégiait les réunions en comité restreint.

Buddy poussa la porte du *McGregor*, où il fut accueilli par un brouhaha de rires, de jurons et d'applaudissements tandis que sur l'écran le ballon rond passait de pied en pied. Tel un fanal éparpillant ses lueurs dans une nuit sans lune, la télévision répandait une clarté diffuse dans la salle pénombreuse. Un petit drapeau vert, blanc et orange avait été suspendu à la console sur laquelle trônait le téléviseur.

Dans cette semi-obscurité, le vieux bar, flanqué de ses hauts tabourets de cuir noir, se détachait avec une étonnante netteté. Foulant d'un pas léger les dalles blanches de l'établissement, Buddy se fraya un chemin entre les tables recouvertes de nappes à carreaux rouges et encombrées de bocks de bière autour desquelles s'entassaient des représentants du sexe masculin de tous âges. Si quelques-uns le gratifièrent d'une poignée de main ou d'une tape sur l'épaule, la grande majorité des clients du *McGregor* ne prêta pas plus attention à Buddy que s'il faisait partie du mobilier. Enfin, il atteignit le box où son père prenait toujours place, au fond de la salle, et s'y glissa.

Carl Fox mesurait un mètre soixante-quinze et possédait de larges épaules légèrement tombantes. Avec ses cheveux bruns ramenés sur le côté et ses yeux bleus fatigués, il avait l'air d'un homme qui avait vécu ses quarante-neuf années à plein régime. Carl était délégué syndical chez Bluestar Airlines. Buddy observa son père tandis qu'il signait la feuille de chômage de Don Murphy et essayait de lui remonter le moral, lui assurant que les choses finiraient par s'arranger.

S'étant acquitté de cette tâche, Carl se tourna vers son fils et laissa éclater son amertume :

– J'en ai ma claque de signer ces foutues feuilles de chômage. Ces salopards de régulateurs nous ont supprimé certains de nos principaux vols, depuis cet accident, l'été dernier. Je ne cesse de leur répéter que ça n'a rien eu à voir avec la maintenance, que c'est venu d'un défaut dans le mécanisme de la porte... ces vautours de fabricants de Cincinnati... mais ils ne veulent rien entendre.

– Ça finira par s'arranger, papa. Avec le temps...

Le poing de Carl s'abattit violemment sur la table.

– C'est sûr... Avec le temps, comme tu dis. Mais pendant que les gros bonnets de Washington font leur petite enquête, il y a chez nous des travailleurs qui crèvent de faim... Et toi, mon gars, ça a pas l'air d'être la grande forme. La paperasserie commence à te donner des valises sous les yeux, à ce que je vois. Si tu ne fais pas attention, tu auras bientôt l'air aussi usé que moi.

– C'est que j'ai eu une rude journée. Un de mes clients a prétendu ignorer que j'avais acheté en son nom des titres qui sont à la baisse en ce moment. Ce fils de pute ment, bien sûr, mais Lynch le soutient. En attendant, c'est moi qui dois essuyer ses pertes, qui se montent à 7 000 dollars.

Carl grimaça, comprenant la déception et l'humiliation de son fils.

– Je t'avais bien dit de pas aller te fourrer dans ce panier de crabes. Tout ce pognon, ça attire forcément les requins. Avec les études que tu as faites, tu aurais pu entrer n'importe où, être responsable de la fabrication d'un produit, par exemple, comme ton frère chez Grumman, au lieu de t'en aller faire le vendeur à Manhattan.

Buddy se rebiffa :

– Écoute, papa. Je ne suis pas vendeur. Combien de fois devrai-je te répéter que je suis négociant en titres? D'ailleurs, je vais bientôt passer dans le service des investissements, ajouta-t-il d'un ton peu convaincu.

– Tu es toute la journée pendu au téléphone à demander à des inconnus de t'acheter des actions. Moi j'appelle ça être un vendeur.

– Papa, les choses ne se font pas comme ça. Il faut se constituer une clientèle. Se bâtir une réputation. C'est ce que je m'efforce de faire. Alors, lâche-moi un peu, veux-tu?! Je palpe plus de fric en tant que négociant en titres que si j'étais contremaître dans n'importe quelle usine à la con, crois-moi.

– Ce que je comprends pas, c'est comment tu te débrouilles pour être toujours fauché. Tu t'es fait 35 000 dollars la première année, 50 000 la suivante... Qu'est-ce que tu fabriques avec ton pognon?

Buddy était sur la défensive, en partie parce que, de par l'éducation qu'il avait reçue, il avait le tout premier du mal à comprendre comment il pouvait dépenser tant d'argent sans rien avoir de tangible en échange.

– 50 000 dollars ne te mènent pas très loin, à Manhattan, papa. Du moins plus de nos jours. Je paie quarante pour cent d'impôts, mon appartement me coûte 13 000 dollars par an, j'ai mes prêts d'étudiant à rembourser, ma voiture à payer, la bouffe... je dépense trois cents billets de parking par mois et, par-dessus le marché, je dois me fringuer...

Carl se radoucit. Voir son fils si vulnérable lui faisait mal au cœur.

– Alors quitte ton trou à cafard et reviens à la maison. Ça te fera toujours ça en moins. 50 000 dollars par an, plus les primes. Bon Dieu, le monde a perdu la boule! J'ai gagné 37 000 dollars l'an dernier. Ta mère et moi, on a élevé trois gosses avec bien moins... et toi...

La réponse de Buddy, presque une capitulation, attrista Carl. Il aurait préféré voir son fils réagir avec plus de virulence.

– C'est Queens, papa. Je *dois* vivre à Manhattan. Il n'y a plus de noblesse dans la pauvreté, de nos jours. Mais tu verras, un jour tu seras fier de moi.

– Mais je suis déjà fier de toi, répondit Carl avec chaleur. C'est toi qui dois apprendre à être fier de toi-même.

Carl avait conscience que le monde dans lequel vivait son fils tournait trop vite pour eux deux. Le garçon n'avait jamais connu la peur, mais sans amarre, il risquait d'en devenir le jouet. Il essaya de jeter une ancre.

– Tiens, j'ai croisé Susie, l'autre jour. Elle a prétendu que ça faisait neuf mois qu'elle t'avait pas vu...

– Neuf mois, déjà... Dieu que le temps passe! Il faut dire que je n'ai pas eu une minute depuis le rachat de la boîte par la Tempérance.

Carl continua son travail d'approche.

– Pourquoi ne l'inviterais-tu pas à dîner, ce soir? Ses yeux brillent toujours autant quand on prononce ton nom, tu sais.

Buddy avait besoin de simplicité, de chaleur humaine. Il se redressa légèrement sur la banquette, pour immédiatement se laisser retomber contre le dossier.

– Je suis à sec, papa. Surtout après le coup de cet après-midi.

Le bar éclata en hourras et en applaudissements tandis que le goal irlandais bloquait le tir de l'avant-centre italien. Carl tendit à Buddy deux billets de 100 dollars craquant neufs.

– C'est moi qui régale, fiston. J'ai toujours dit qu'il ne fallait pas estimer l'argent outre mesure. C'est un bon serviteur et un mauvais maître.

Buddy s'introduisit dans la haute cabine téléphonique de bois sombre, près du juke-box. Tout en composant le numéro de Susie, il étudia les motifs psychédéliques verts, orange et jaunes qui décoraient l'appareil.

– Bonj...

– Buddy! Comment vas-tu?

Elle avait reconnu sa voix dès la première syllabe. Elle avait si souvent imaginé cet instant!

– Je suis au *McGregor*, de l'autre côté de la rue, avec mon père. Est-ce que par hasard tu serais libre ce soir? J'avais pensé que nous pourrions dîner ensemble...

– Je serais ravie de te revoir, Buddy.

Susie jeta un coup d'œil par la fenêtre de son appartement, s'imaginant apercevoir, à travers les vitres embuées du bar, dans la salle où sautillait la lumière bleutée de la télévision, la silhouette de Buddy.

– Comment dois-je m'habiller? Où allons-nous?

– Nous allons faire la tournée des grands-ducs. D'abord nous dînerons chez *Raoul*, à SoHo, puis nous irons danser chez *Nell*. Tu verras, on va s'éclater, comme au bon vieux temps. A part que maintenant j'ai de l'argent et je connais Manhattan comme ma poche.

– Tout ce qui m'importe, c'est d'être avec toi, Buddy. Je te retrouve devant le *McGregor*.

– Super.

Buddy se sentit momentanément regonflé, comme après une séance de gymnastique, quand on a le muscle ferme et l'esprit dégagé. Une demi-heure plus tard, il la voyait apparaître sur le seuil de l'établissement. Sa chevelure rousse et son sourire épanoui lui réchauffèrent le cœur.

Buddy se leva, échangea une poignée de mains avec son père et, sans savoir pourquoi, fonça vers la sortie, comme un gamin se précipitant chez lui pour le goûter. Il l'embrassa et ils s'éloignèrent, bavardant et riant aussi naturellement que s'ils s'étaient quittés la veille.

Chez *Raoul* se pressait le Tout-New York. Les bras de chemise y côtoyaient en toute amitié le costume trois pièces tandis que se mêlaient les jargons de l'art et de la finance, ou encore de l'architecture, du cinéma, du droit, de la physique et de la publicité.

Autour du bar s'entassaient de jeunes célibataires de SoHo, des garçons aspirant généralement à atteindre les sommets professionnels où s'étaient hissés ceux de leurs aînés qui dînaient là.

Rob, le maître d'hôtel, accueillit Buddy et Susie avec affabilité.

– Que diriez-vous de dîner dans le jardin, par une belle soirée comme celle-là, monsieur Fox?

– Rien ne nous plairait davantage.

L'homme les précéda dans la grande salle à manger, puis dans les cuisines où s'activait toute une brochette de chefs, de sous-chefs et de serveurs et enfin dans la petite salle à manger vitrée donnant sur les jardins.

– Commandons des plats différents. On pourra partager, suggéra Susie.

Bud se tourna vers le serveut.

– Une salade César et une soupe de poisson en entrée, des crabes et un saumon grillé pour continuer.

– Et comme vin, monsieur Fox?

– Un Robert Mondavi 85, s'il vous plaît.

Susie, qui venait de trouver une place de secrétaire de rédaction dans une revue archéologique, était intarissable sur son nouvel emploi.

– Je suis en train de corriger un article passionnant sur les murs de pierre et les autels qui jalonnent le désert péruvien. La question est de savoir s'ils sont l'œuvre de milliers de Michel-Ange incas ou celle d'extraterrestres.

Buddy ne put s'empêcher d'envier l'enthousiasme dont elle faisait montre pour son travail. Et de l'admirer d'avoir décroché ce poste à responsabilité. Il se sentit si bien toute la soirée, tellement content de Susie, de lui-même et de New York qu'il ne mentionna pas une seule fois le nom de Jackson & Steinhem.

Le jeune couple quitta le restaurant d'excellente humeur, après un dîner parfait. A onze heures trente, ils sautèrent dans un taxi et se firent conduire chez *Nell*, sur la 14ᵉ Rue Ouest. C'était la discothèque la plus branchée et la plus huppée de la ville. Comme il dut en convenir, Buddy n'y avait jamais mis les pieds, mais les articles qu'il avait lus dans *People* sur l'établissement et les comptes rendus délirants que Chucky Cushing lui avait faits de ses soirées passées là-bas l'avaient convaincu que c'était le nec plus ultra, le paradis sur terre.

Ils émergèrent du taxi pour découvrir une foule compacte se pressant devant l'entrée de chez *Nell*, défendue par un cordon de velours et trois videurs musclés vêtus d'un T-shirt noir et de jeans serrés rentrés dans des bottes noires. De temps à autres ces armoires à glace au visage de bébé mais à l'air terriblement sérieux permettaient à quelques personnes, apparemment choisies au hasard, de franchir le cordon de sécurité et de passer les portes de métal de la boîte de nuit.

Derrière le cordon, tout le monde se retrouvait logé à la même enseigne, les gens dans le coup arborant leurs tenues disco de haute couture, affichant une attitude décontractée, laissant pendre lâchement leur cravate sur leur chemise Brook Brothers à col ouvert, et les gamins de banlieue en virée, garçons coiffés à l'Iroquois et filles aux cheveux multicolores. Ironiquement, les videurs étaient des acteurs au chômage qui, jour après jour, se voyaient infliger des fins de non-recevoir par ces mêmes pontes du showbiz qu'ils introduisaient si obséquieusement chez *Nell*.

Buddy attrapa la main de Susie et entreprit de fendre les rangs serrés de la foule. Arrivé devant le cordon, il chuchota à l'un des cerbères :

– Je suis un ami de Chucky Cushing, qui est membre du club.

– Vous êtes sur la liste des admissions?

– Il n'est pas impossible qu'il m'y ait inscrit. Je m'appelle Fox... Bud Fox.

Le videur consulta ses tablettes d'un air blasé.

– Désolé, vous ne figurez pas sur ma liste.

Buddy fouilla dans son portefeuille. Une coupure de vingt dollars se matérialisa dans sa main.

– Voulez-vous mieux regarder. Je suis sûr que je suis sur votre liste.

Mais le videur ne l'écoutait plus. Une Rolls Royce couleur chocolat, arborant sur ses portières les initiales C.G., venait de se ranger le long du trottoir. La limousine était si bien astiquée que l'image de la foule attroupée devant l'entrée de chez *Nell* se réfléchissait parfaitement sur ses ailes rutilantes. Les trois gorilles se mirent aussitôt en devoir de dégager un passage parmi les curieux pour ces clients de choix. Un chauffeur en livrée ouvrit la portière arrière de la Rolls tandis qu'un jeune et élégant garde du corps allait se poster à l'avant du véhicule.

Un homme mince aux cheveux poivre et sel, âgé d'une quarantaine d'années, émergea de la voiture, suivi par une superbe blonde qui s'aida de sa main tendue pour s'extraire du véhicule. Derrière eux apparut un autre couple, se pavanant comme si la mer Rouge venait de s'ouvrir devant eux. Ce qui, en un sens, était le cas.

Buddy était comme hypnotisé.

– C'est Gordon Gekko, murmura-t-il à Susie, en suivant la petite procession des yeux.

Quelques jeunes loups de Wall Street échangèrent des murmures admiratifs alors qu'ils reconnaissaient à leur tour le redoutable raider, un homme figurant depuis peu sur la liste Forbes parmi les quatre cents plus grosses fortunes des États-Unis. Gekko ôta son cigare de sa bouche et salua d'un air condescendant les badauds qui le dévisageaient ouvertement. Un pâle sourire se dessina sur ses lèvres closes. Une partie de son plaisir, quand il venait chez *Nell,* était de savoir que d'autres n'y seraient pas admis. Même en affaires, gagner ne lui suffisait pas, à moins qu'il n'y eût manifestement un perdant.

Susie essaya de panser ce qu'elle crut être pour Buddy une blessure d'amour-propre.

– Nous avons passé une soirée merveilleuse, Buddy. Rentrons chez moi.

Il marmonna :

– Ce Gekko, il a tout...

Dans le taxi qui les ramenait vers Queens, Bud se sentait plus stimulé que vraiment vexé. Gekko figurait sur la liste des Ga-Ge qui lui avait été attribuée chez Jackson & Steinhem. Dans son esprit enfiévré, une idée venait de germer.

Avant même que la porte de l'appartement de Susie se fût rabattue sur son dormant, les deux jeunes gens étaient fort occupés à s'embrasser. Ils se déshabillèrent l'un l'autre, comme deux collégiens après la fête de fin d'année, et se laissèrent tomber sur le sol.

Ils firent l'amour avec tant de fougue que Susie ne remarqua pas, dans l'obscurité de sa chambre, le regard vide de Buddy. Tandis qu'il la pénétrait, ce fut le souvenir du sourire impérieux de Gekko qui enflamma son imagination.

4

La lune était inhabituellement brillante. Sur les berges du fleuve, se mouvaient des silhouettes floues.

– Un autre sac de sable, Gordon... Plus haut.

– Mais grand-père, ça ne sert à rien. Tout sera emporté...

– Il se peut que le fleuve déborde un jour ou l'autre et qu'il recouvre nos champs de coton... Mais on ne doit jamais cesser de renforcer la digue, Gordon... Passe-moi un sac.

– Oui, grand-père.

– Plus haute sera la digue, plus le courant devra être fort pour la rompre.

Trois décennies plus tard, à un demi-continent du petit village de Campsville, Arkansas, sur les bords du Mississippi, Gordon Gekko, assis dans son bureau de Wall Street, contemplait l'East River et la statue de la Liberté. Aujourd'hui, les sacs de sable étaient devenus des millions de dollars. Jamais il n'en accumulerait assez pour conjurer sa peur d'être emporté par l'inévitable courant des événements. Son apparente cupidité n'était en fait qu'une inextinguible soif de sécurité.

Il avait grandi dans le dénuement le plus complet. Les saisons, les crues et la politique fédérale en matière d'agriculture étaient autant de phénomènes que l'on observait le plus souvent sans les juger. La vie lui avait appris à mépriser les rêves et à respecter la réalité.

Le gouvernement fédéral, afin de stimuler la production agricole, avait prêté à tour de bras aux fermiers du Sud. Mais la surproduction avait rapidement fait chuter les prix tandis que dans les entrepôts gouvernementaux pourrissaient des tonnes de denrées. Le robinet à subventions s'était fermé. Puis était venue la sécheresse. Le coton avait brûlé dans les champs et les mules s'étaient écroulées au bord des routes poussiéreuses. Dans la campagne aride, les familles de fermiers avaient survécu grâce aux maigres ressources de leurs potagers desséchés. Dans de telles conditions, il leur était bientôt devenu impossible de continuer à rembourser leurs prêts. Aussi, leurs biens avaient-ils été saisis par le gouvernement puis vendus aux enchères à de grosses sociétés de Saint Louis ou de Chicago. Politiciens et hommes d'affaires avaient trouvé de nouveaux mots tels que « rendement » ou « production planifiée » pour justifier cette évidente absurdité. Les Gekko avaient combattu le fleuve et cultivé leurs propres terres pendant des générations. Sur un simple coup de marteau, le père de Gordon s'était retrouvé métayer.

Gordon et ses copains avaient jeté des pierres sur les grosses voitures qui amenaient de la ville des hommes d'affaires ventripotents venant inspecter les fermes acquises par leurs sociétés. Des citadins qui marchaient dans les champs fraîchement retournés, gratifiant de petites tapes condescendantes les ouvriers agricoles et écrasant au passage les nouvelles semences.

Quand Gordon avait eu dix-sept ans, ses parents s'étaient tués dans un accident de voiture. Quelques jours après le drame, vêtu d'une chemise de flanelle, d'un jean déchiré aux genoux et d'une paire de bottes – toutes ses possessions – il avait pris le bac et traversé le Mississippi. Gordon Gekko savait que jamais plus il ne se sentirait chez lui où que ce soit. Il savait aussi qu'il valait mieux faire les lois que les subir.

Au bout de quelques jours de voyage, alors que, faisant de l'auto-stop, il se dirigeait vers le nord-est, il avait été pris par un petit agent immobilier de Brooklyn. Tandis que les kilomètres défilaient, le garçon lui avait succinctement raconté sa vie. Reconnaissant chez ce très jeune homme une volonté d'acier, Sugarman lui avait proposé de travailler pour lui. Trois jours plus tard, Gordon Gekko arrivait à Brooklyn, New York, déterminé à tirer un trait sur son passé, à aller de l'avant.

Gordon était donc devenu encaisseur de loyers pour le compte de Sugarman, profession où sa carrure et son extrême détachement devaient faire merveille. Il avait affaire aux populations à grande majorité noires qui occupaient les taudis de Fort Greene et de Park Slope. Très vite, il avait réussi à acquérir nombre d'immeubles de ce style, qu'il s'était mis à louer pour son propre compte. Quelques années plus tard, ces quartiers étant devenus le point de mire des promoteurs immobiliers, à trente-cinq ans Gekko s'était retrouvé milliardaire.

De généreux dons distribués à des œuvres de charité et à des politiciens triés sur le volet lui avaient acheté une réputation de respectabilité. Dans le télégramme de félicitations qu'elle lui avait adressé lorsque lui avait été décerné le Trophée du meilleur entrepreneur américain, la Maison-Blanche n'avait pas hésité à l'appeler « Gekko le Magnifique ».

En 1980, Gekko s'était lancé, avec son immense fortune et ses relations, dans le jeu des O.P.A. L'immobilier commençait à l'ennuyer. De toute façon, il était incomparablement plus rentable, plus gratifiant et moins risqué de restructurer des entreprises pachydermiques ou de faire le chantage au billet vert à des directeurs capitulards qui acceptaient, pour garder leur place, de verser des millions de dollars, lesquels ne sortaient évidemment pas de leurs poches mais de celles des actionnaires de leur société. Plus important, il avait l'impression qu'en sapant ainsi le pouvoir des grandes entreprises qui avaient mis l'Amérique en coupe réglée, il se retrouvait du côté des petits, des siens. Mais Gordon n'était plus le gamin bouseux qui jetait des pierres sur les voitures des accapareurs. Aujourd'hui, ses coups faisaient mouche.

Chaque jour à deux heures précises, toute affaire cessante, Buddy téléphonait au bureau de Gordon Gekko pour solliciter un rendez-vous avec le riche homme d'affaires. Natalie, sa secrétaire anglaise, accueillait d'un ton amusé et compatissant ce jeune homme tenace à qui, depuis un mois, elle opposait quotidiennement une fin de non-recevoir.

Marvin Wycoff désigna l'horloge. Buddy fit quelques flexions pour raffermir son courage et dénouer ses muscles. « C'est l'heure d'aller au charbon », s'exhorta-t-il, tout en boutonnant son col de chemise et en resserrant sa cravate. Tandis qu'il composait son numéro, Marvin, adoptant un ton paternaliste, lui servit un petit sermon :

– Buddy, quand comprendras-tu que ce sont les chasseurs de gros gibier qui font la peau aux éléphants, pas les petits garçons armés de lance-pierres?! On m'a raconté que trente secondes après l'explosion de Challenger Gekko était au téléphone en train de vendre à découvert des actions de sociétés travaillant pour la NASA. Ce type est né avec un portefeuille à la place du cœur...

Mais Buddy n'entendit pas la fin de la tirade.

– Allô, Natalie?... devinez qui est à l'appareil... Gagné! Natalie, voulez-vous m'épouser? Non, bon alors peut-être voudrez-vous bien me passer M. Gekko?

Natalie lui répondit que M. Gekko était pour l'heure très occupé avec un groupe d'hommes d'affaires japonais. Buddy ne se laissa pas démonter :

– Bien sûr qu'il est très occupé. Moi aussi. Cinq minutes, c'est tout ce que je demande. Les marchés internationaux sont en pleine fluctuation... Je puis vous garantir que s'il voulait bien écouter ce que j'ai à lui dire, sa vie s'en trouverait changée.

Natalie était toujours frappée par l'urgence exprimée par la voix de Buddy. C'était cette intensité même qui l'avait poussée à signaler ses appels à son patron.

– Monsieur Fox, comme j'ai déjà eu l'occasion de vous le dire, je suis certaine que vous êtes un excellent courtier, mais nous avons déjà les meilleurs sur le marché... Oui, je lui ferai part de votre appel...

– Je vous aime quand même, Natalie. A demain.

Tout en cherchant à entrer en contact avec Gekko, Buddy s'efforçait de cerner la personnalité de sa proie, à définir son profil. Il était évident que ce n'était pas une simple relation courtier/client, aussi fructueuse pût-elle être, qu'il recherchait. Car Buddy Fox avait abandonné son âme à un homme qu'il n'avait vu qu'une seule fois. Il aurait voulu se glisser dans la peau de Gekko. En fait, Buddy Fox aurait voulu devenir Gordon Gekko. Mais comment y parvenir?

5

L'ambition de Buddy était encore plus dévorante que la cupidité de Gekko. Les circonstances de leur rencontre avaient été définies des années auparavant à Campsville et à Queens.

Tentant fiévreusement de forcer la porte de Gekko, Buddy avait essayé mille clés, mille ruses. Aujourd'hui pourtant, il pensait avoir trouvé un plan qui lui permettrait de s'introduire dans l'antre du raider. Il resta debout toute la nuit pour le mettre au point.

Le téléphone sonna à 7 h 45. C'était Carl Fox.

– Salut fiston. Tu as bien reçu les cigares que je t'ai envoyés?

– Ouais, 'pa. C'est sympa, merci.

– A ton service! Écoute, Bud, j'ai de grandes nouvelles à t'annoncer. Tu te souviens de cet avion qui s'était écrasé l'été dernier? Je t'avais dit qu'une enquête avait été ouverte?

Carl semblait immensément soulagé.

– Bien sûr, papa.

– Eh bien le ministère des Transports a conclu à un défaut de fabrication dans le mécanisme de fermeture de la porte. Depuis que je leur disais que ça n'avait rien à voir avec la maintenance, que c'était la faute de ces rapaces de fabricants... j'avais bel et bien raison!

– C'est super, papa.

– J'avais putain de raison. Les mesures de suspension vont être levées. On va enfin pouvoir inaugurer ces nouvelles lignes vers Boston et Pittsburgh et avoir l'équipement dont nous avons besoin. Tu vas voir, on va tomber les plus grands, maintenant.

– Vive les Bluestar Airlines! En ma qualité de courtier, je ne peux que te conseiller d'acheter...

Les yeux de Buddy se posèrent sur la pile de tableaux et de diagrammes que, attelé à son ordinateur personnel, il avait réalisés dans la nuit à l'intention de Gekko. Il réfléchit un instant à ce qu'il venait d'apprendre.

– Tu es sûr des conclusions du ministère?

– Sûr. J'ai rencontré les types de la commission hier.

– Quand doivent-elles être rendues publiques?

– La semaine prochaine. Ils ont de la paperasserie à finir. Ça va, Buddy? Tu me sembles bien lointain, tout à coup.

Buddy secoua la tête, comme s'il sortait d'un rêve.

– Super, papa. A un de ces jours...

A une heure trente cet après-midi-là, Buddy demanda à Dan Hickey s'il voulait bien prendre ses appels pendant une heure ou deux. Il devait s'absenter. Marvin examina d'un regard circonspect son meilleur costume bleu nuit, loucha vers la pendule, fit entendre un « hum » et, d'un clin d'œil, lui souhaita bonne chance.

Bud Fox poussa les lourdes portes de bois sur lesquelles était gravé « Gekko & Co » et se retrouva dans un immense hall dallé de marbre blanc et noir en forme de soleil. Il s'avança vers la réceptionniste et lui expliqua laconiquement le but de sa visite. Celle-ci appela Natalie.

– Ici Daniela... J'ai un paquet pour M. Gekko. C'est personnel. Le monsieur demande à ce que vous lui signiez un reçu.

– ... d'accord, envoyez-le-moi...

Bud enfila nerveusement un long couloir sur les murs duquel étaient exposées d'exquises œuvres d'art moderne. Au bout de cette « galerie » se balançait un mobile de Calder. Il traversa une petite salle de courtage et pénétra dans le bureau de Natalie.

– Bonjour Natalie, vous reconnaissez ma voix? Je vais vous mettre sur la voie, justement. Vous envisagez sérieusement de m'épouser...

Natalie reconnut en fait le baratin.

– Qu'est-ce que vous venez faire ici?

– Apporter un cadeau d'anniversaire à M. Gekko.

– Qu'est-ce qui vous a pris de débarquer chez nous sans crier gare? Et d'abord, qu'est-ce qui vous dit que c'est son anniversaire?

Buddy déplia la couverture toute froissée d'un vieux numéro de *Fortune* représentant un Gordon Gekko tout sourire sous la légende « Gekko le Magnifique ».

– Vous voyez. Vous feriez bien de vous dépêcher d'aller lui acheter un cadeau. S'il vous plaît, Natalie. Laissez-moi lui offrir le mien. Des havanes. J'ai pu juger par moi-même qu'il les adorait... Et vous savez comme moi qu'il n'est pas facile de s'en procurer.

Natalie prit les cigares et le pria de l'attendre pendant qu'elle allait demander à M. Gekko s'il avait le temps de le recevoir. Quand elle revint, son visage s'était paré d'une expression sévère. Pourtant, dans sa voix, perça une note conciliatrice.

– Allez attendre à la réception. S'il a un moment de libre dans l'après-midi, il vous fera appeler... Bonne chance.

Buddy attendit deux longues heures à la réception, s'inquiétant de ce que ferait Lynch s'il découvrait qu'il avait été absent pendant trois heures, se demandant avec angoisse s'il avait la moindre chance d'être reçu par le maître des lieux. En dépit du système d'air conditionné, sa chemise était trempée par la transpiration. Sur son front perlaient de grosses gouttes de sueur qu'il ne cessait d'éponger avec un mouchoir chiffonné. Aussi stupide qu'il se sentît, rien au monde n'aurait pu le contraindre à s'en aller. Il était trop près du but. Soudain, Natalie apparut devant lui.

– Cinq minutes...

Buddy bondit sur ses pieds, remit de l'ordre dans sa tenue et se concentra.

– Eh bien... il y a dans la vie de chaque homme des moments clés... celui-ci en est un...

Buddy entra presque en courant dans le bureau de Gekko. Immédiatement, la pièce le frappa par son caractère massif. Les murs étaient recouverts de panneaux de merisier, sans doute achetés à l'une de ces vénérables sociétés qui n'avaient pu résister à la flambée des taux d'intérêts en 1975. Des Stella, des

Miro et des Rothko ornaient ces murs aux teintes chaudes. Fox tremblait à l'idée que Gekko pût lui parler peinture. « Pourquoi diable n'ai-je pas suivi les cours d'initiation à l'art, à Darmouth? » se reprocha-t-il incontinent, se promettant de s'instruire au plus vite sur l'art moderne.

La majesté du décor n'enlevait rien à celle du maître des lieux. Sa présence énergique électrisait tout autour de lui. Vêtu d'un costume anglais à fines rayures, il allait et venait comme un lion en cage au bout d'un fil long d'une quinzaine de mètres relié à un téléphone en plaqué or. Aucun papier n'encombrait son immense table de travail, chargée de moniteurs affichant en permanence des données arrivant du monde entier... cours des valeurs à Hong Kong, Tokyo, Francfort, Londres, New York... mouvements des bons du Trésor, des obligations émises par des collectivités ou des sociétés commerciales... évolutions de l'or, des marchandises, des obligations d'État, des devises, des certificats de dépôts, de l'ÉCU...

– Que se passe-t-il, bon sang? – Les yeux de Gekko étaient rivés sur la bande de son téléscripteur, comme si son cerveau captait de mystérieux signaux. – Je viens de voir un mouvement de 200 000 actions... j'espère que nous sommes sur le coup... tu as intérêt, mon pote, sinon ça va être ta fête...

Il prit une autre ligne.

– Désolé, j'aurais acheté à 40, mais à 50, ce serait un crime. Quoi?... Leurs analystes ne sauraient même pas reconnaître une action à dividendes prioritaires d'une action de grâce... Attends que ça baisse... rappelle-moi à ce moment-là.

Posant un regard sombre, intense, sur Budy qui était resté planté devant la porte, Gekko expliqua à l'adresse d'Alex, son assistant qui suivait ses conversations téléphoniques un stylo à la main :

– C'est le gamin qui m'a appelé cinquante jours d'affilée. On devrait mettre sa photo dans le dictionnaire, au mot « persévérance ».

Sans quitter Buddy des yeux, Gekko enfonça une touche qui clignotait sur son poste intérieur. Il semblait bien que le vétéran était sur le point de faire une démonstration de ses talents à la bleusaille.

– Écoute Jerry, c'est une minorité de blocage que je recherche. Pas plus de 30 à 35 %, juste assez pour faire capoter tout projet de fusion et découvrir de l'intérieur si les comptes n'ont pas été maquillés. Si l'affaire est aussi saine qu'elle le paraît sur le papier, on va faire un carnage...

Il fit signe à Buddy d'approcher.

– Assieds-toi, mon garçon.

Son accent doux, presque traînant, trahissait ses origines sudistes. Buddy ne pouvait croire que cette voix calme, posée, appartenait à ce même homme qui, deux minutes avant, beuglait des ordres dans son téléphone.

Gekko lui-même n'était plus très sûr de sa propre identité. Il avait toujours tenu pour acquis que c'était la peur qui propulsait les hommes vers le succès. L'orgueil, la convoitise, les préjugés et la cupidité étant autant de tourbillons qui pouvaient en modifier le cours. Comme l'amour et le sens de l'honneur, qu'il considérait toutefois comme des émotions éphémères, susceptibles de s'altérer face aux exigences de l'ambition et de la lutte pour la survie.

Gekko n'avait pas son pareil pour amener les autres à faire exactement ce qu'il souhaitait. L'amour, la haine, la tentation, la soumission, l'agressivité et la séduction figuraient au nombre des armes de son arsenal. Il choisissait avec soin les occasions de punir ses ennemis, brutalement... et publiquement... afin de décourager ceux qui auraient été tentés de s'attaquer à lui.

Gekko était en apparence un des hommes d'affaires les plus agressifs de son époque. Cependant, l'expérience lui avait appris à se méfier des coups de tête. Après tout, il avait beaucoup à perdre. Il n'était plus le gamin pauvre dont l'audace n'avait d'égale que la rage de s'en sortir.

A quarante-trois ans, il était en conflit permanent avec son convervatisme grandissant et sa soif de respectabilité. Secrètement, Gordon Gekko enviait la témérité des jeunes loups aux dents longues qui venaient lui proposer des coups de bourse économiquement ou légalement trop risqués pour lui. Les émotions étaient son aiguillon, l'expérience sa bride. Il voulait l'impossible, l'audace de la jeunesse alliée à la sagesse de l'âge. Une combinaison qu'il aurait pu trouver dans une relation maître-élève. Pas plus Buddy que Gordon n'avaient conscience que le chasseur et sa proie étaient en fait deux prédateurs.

Sans laisser à Gekko le temps de prendre un autre appel, Buddy se jeta à l'eau :

– Enchanté, monsieur Gekko. Je m'appelle Bud Fox. Je lis tout ce qui s'écrit sur vous. Je pense que vous êtes un génie. J'ai toujours rêvé de pouvoir travailler avec quelqu'un comme vous.

– Épargne ta salive. J'espère seulement que tu es intelligent. Merci pour les cigares. Comment te les es-tu procurés?

– ... j'ai une combine à l'aéroport...

– D'où sors-tu?

– De chez Jackson & Steinhem.

– Non... que font tes parents? Où as-tu grandi?

– A Queens.

– De braves gens. Tu es d'origine irlandaise?

– Oui.

– Robustes... mais pas les pieds sur terre. Qu'est-ce que fait ton père?

– Il est mécanicien.

Buddy s'abstint de mentionner qu'il exerçait ses talents dans l'aviation. Il ne tenait pas être trop précis sur sa « combine à l'aéroport ».

– Mécano? Il touche sa bille, au moins?

– Plutôt!

– C'est rare de nos jours. Très bien... Pour quelle firme as-tu dit que tu travaillais?

– Jackson & Steinhem.

– Une boîte qui prospère, depuis que la Tempérance a viré la vieille garde. Ils ont un bon département de titres obligataires. Ce sont eux qui s'occupent du financement de l'opération Syndicam.

– Oui. Et ce n'est pas le seul dossier intéressant que nous ayons dans nos tiroirs.

Gekko ne le rata pas :

– N'auriez-vous pas par le plus grand des hasards une société de cosmétiques, dans ces fameux tiroirs? Qu'est-ce que tu es, toi, chez Jackson & Steinhem? La cinquième roue du carrosse? Le dernier à être informé?

Buddy se tortilla sur son fauteuil, mais ne se laissa pas démonter. Il répliqua avec un sourire entendu :

– Je ne puis répondre à cette question, monsieur Gekko.

Gordon ne put s'empêcher d'admirer son culot, son à-propos de gamin des rues. Il devinait chez Buddy une ambition dévorante, et surtout, une trouille monstre, cette trouille qui conduisait les meilleurs au sommet.

– Alors, qu'as-tu à me proposer? Qu'est-ce qui t'amène?

Buddy ouvrit son attaché-case et tendit à Gekko une pile de graphiques.

– Je vous ai apporté un état détaillé de la situation financière de Whitewood-Young Industries... Un bénéfice par action encore bas. On prévoit un redressement spectaculaire, ainsi qu'une confortable marge brute d'autofinancement... Deux ou trois gros actionnaires... Une direction musclée...

Gekko laissa les feuillets informatiques dégringoler de ses mains. Ils tombèrent sur le sol, aux pieds de Buddy.

– C'est un tuyau crevé. Qu'as-tu d'autre, mon gars, à part des combines à l'aéroport?

A ce moment-là, Ollie Steeples, un géant arborant des bretelles rouges et une bedaine proéminente, fit irruption dans le bureau de Gekko pour annoncer que Stevenson appelait de San Francisco. Les traits de Gekko se contractèrent légèrement tandis qu'il décrochait.

– Alors, il a répondu à notre offre? Quoi? Il a rien de mieux à faire, alors que sa société paume 60 briques par trimestre, que d'aller donner des conférences à droite à gauche! J'espère au moins qu'il discourt sur l'art de perdre du fric! Je te parie que si ce type montait une entreprise de pompes funèbres, plus personne ne casserait sa pipe... On en est plus aux politesses... les affaires sont les affaires, mon vieux. Liquide-moi cet enfoiré!

Reportant son attention sur Buddy, Gekko dit en parlant de Ollie Steeples.

– Regarde-le... il ne paye pas de mine, et pourtant, c'est le meilleur courtier sur le marché... tu sais, le génie c'est de savoir bien s'entourer.

Puis, appelant Natalie sur sa ligne intérieure :

– Trouvez-moi le projet d'acquisition de Teldar et apportez-le-moi.

Il regarda Buddy d'un air de dire : « T'as autre chose dans tes valises ? » Buddy était prêt.

– Tarafly... les analystes ne l'aiment pas beaucoup... moi, si. Le prix du marché est sous-évalué de 50 % par rapport à la valeur de récupération et on peut revendre par morceaux, l'opération s'autofinançant, en quelque sorte. On a intérêt à se débarrasser de deux divisions et à garder le reste...

Gekko ricana, mais n'en échangea pas moins un regard avec Alex :

– Pas mal pour un technicien, la manœuvre est intelligente mais la boîte ne vaut pas un pet de lapin. – Commençant à s'impatienter, Gekko regarda sa montre. – Allons, étonne-moi. C'est mon anniversaire, mon pote, tu me dois une surprise.

Scrutant Bud d'un regard pénétrant, il enfourna une carte d'anniversaire dans le destructeur de documents placé à côté de son bureau. Le son doux et menaçant de l'appareil fit naître en Buddy une pointe d'appréhension. Il avait compris le message. Il devait jouer son va-tout. Quand Gekko, affectant de se désintéresser de lui, tourna son attention vers son Quotron, la tension monta dans la pièce et l'anxiété de Bud s'intensifia brusquement. Il se leva de son fauteuil et lâcha :

– Bluestar Airlines.

Aussitôt, il se sentit pris au piège. La transpiration perlait à grosses gouttes sur son front. Gekko se laissa aller contre le dossier de son fauteuil. Quand il reprit la parole, ce fut d'un ton calme, patient... encourageant.

– Ça me dit quelque chose. Alors ?

– Une boîte qui a de l'avenir, 80 jets, 300 pilotes. Des lignes vers le nord-est, le Canada, quelques-unes vers la Floride et les Caraïbes... Dessert les principales villes du pays...

Gekko l'interrompit, jouant avec lui comme d'un instrument de musique.

– Je n'aime pas les compagnies aériennes, les syndicats y sont trop puissants.

Buddy se mit aussitôt au diapason :

– Il y a eu un accident, l'an dernier. Et la compagnie vient d'obtenir un jugement favorable. Même les plaignants l'ignorent encore.

Atteignant la subtilité d'un virtuose, Gekko affecta de n'être que moyennement intéressé.

– Comment le sais-tu?

Bud tarda à répondre. Il était au supplice. Gekko savait que tout individu normalement constitué était prêt à tout ou presque pour éviter de souffrir.

– Tu disais? demanda-t-il gaiement, histoire de remettre Buddy sur les rails.

– Je sais que... cette dernière va permettre à la compagnie de mettre davantage d'appareils en service et d'inaugurer de nouveaux itinéraires. C'est une occasion à ne pas manquer. Ça devrait faire grimper l'action d'au moins cinq points.

Bien que s'étant inconsciemment préparé à cet instant, celui où l'honneur devait s'incliner devant l'ambition, Buddy ne s'en sentait pas moins terriblement mal à l'aise.

Ollie entra en trombe dans le bureau, aussi excité qu'il pouvait le paraître sous ses bourrelets de graisse. Ce fut pourtant d'une voix dénuée d'expression qu'il fit son rapport :

– On vient d'obtenir 250 000 actions à 18 1/4 auprès de Liberty. Je pense pouvoir en acheter le double à 18 1/2 aux caisses de retraite californiennes. Nous allons bientôt avoir accumulé un demi-million de Teldar.

– Hourra pour le Terminator! Balaie-les tous, Ollie.

– Et je suis sûr qu'on a les Bleezer Brothers de Tulsa avec nous. Je travaille les gars de Silverberg, au Canada...

Sans laisser à Ollie le temps de terminer, Gekko tourna abruptement son attention vers Buddy.

– T'as une carte, petit?

Bud lui fourra une de ses cartes de visite dans la main.

– Vous trouverez mon numéro de téléphone au dos...

Gekko jeta un coup d'œil sur le petit carton blanc. Le même sourire hautain qu'il avait présenté à la foule devant chez *Nell* parut sur ses lèvres.

– Bud Fox, j'étudie une centaine d'idées par jour. Je n'en retiens jamais plus d'une.

Sans un mot d'encouragement ou même un au revoir, Gekko se leva et gagna d'un pas nonchalant l'autre extrémité de son immense bureau, non sans avoir fait signe à Alex de reconduire Fox. Buddy ramassa hâtivement ses papiers, que le financier avait laissés tomber sur le tapis persan sans même se donner la peine d'y jeter un œil. Alors qu'il s'avançait vers la porte, il « surprit » – il n'aurait su dire si l'indiscrétion de Gekko était accidentelle ou intentionnelle – les propos du raider en train d'exposer au téléphone les grandes lignes de sa stratégie dans l'affaire Teldar Paper.

– O.K. On dirait qu'on a franchi le seuil des 5 % du capital de Teldar! Mets les avocats sur le 13 D *. Pendant ce temps-là, continue à acheter toutes les actions sur lesquelles tu pourras mettre la main, à un cours limite de 22 dollars... Ils ne vont pas se rendre sans se battre... Ils ont déjà foutu Meyer et Thromberg au boulot... Comparés à eux, les nazis feraient figure d'enfants de chœur.

* Déclaration que doit obligatoirement effectuer un investisseur dix jours au maximum après avoir acquis 5 % du capital d'une firme.

Buddy referma la porte derrière lui. Il était tellement secoué qu'il en oublia de saluer Natalie au passage. Celle-ci ne lui prêta du reste pas la moindre attention.

– Messieurs Jackson et Goldschmidt de Dallas, Kalis du Delaware et Stevenson de San Francisco sont en ligne pour la téléconférence, monsieur Gekko, annonça-t-elle à son patron dans l'interphone.

Bud se sentait profondément déprimé. « Ce qui est pour moi une crise professionnelle et morale, songeat-il, n'est qu'un interlude dans l'après-midi de Gordon Gekko. »

Buddy réintégra sa cabine chez Jackson & Steinhem. Marvin voulut savoir comment les choses s'étaient passées.

– Alors, tu l'as vu?

– Ouais. Mais lui ne m'a pas vu...

A ce moment-là, traînant son pied goutteux, le directeur des ventes arriva devant la cabine de Buddy.

– Où étiez-vous passé, Fox, ces trois dernières heures? Je me remuerais un peu, si j'étais vous, au lieu de papoter avec mon voisin. Il y a sur cette liste informatique bon nombre de gens que vous pourriez appeler.

Marvin fit à Lynch un bras d'honneur... quand il eut tourné le dos. Buddy ne réagit même pas. Il fixait d'un regard vide l'écran de son Quotron. Marvin lui donna une petite tape dans le dos. Ses yeux s'attardèrent sur l'écran noir où défilaient de lumineux symboles verts : TDL L 18 1/2, V 1 231 000. Buddy resta un instant indécis, ne sachant s'il devait passer à l'action. Marvin le secoua de sa torpeur :

– Dis donc, t'as vu ça? Teldar Paper. Il t'a donné un tuyau là-dessus? Faut-il acheter?

Buddy posa son index sur la touche « effacement ». L'écran se vida. Il était déterminé, quels que fussent ses besoins d'argent, à ne pas se laisser une nouvelle fois humilier par Gordon Gekko. Il n'achèterait pas de Teldar.

– Non. Ça ne vaut pas un pet de lapin!

Ce fut donc par orgueil, plutôt que par souci d'honnêteté, que Buddy résista à la tentation. Ce même après-midi, Gekko l'avait forcé à explorer les profondeurs les plus sombres de son être. Buddy s'était retrouvé confronté à sa propre vulnérabilité. Pour la première fois de sa vie, il comprenait la peur... il comprenait pourquoi le soldat courait sous le feu de l'ennemi, pourquoi sous la torture le prisonnier donnait son meilleur ami. Gordon Gekko avait détruit en lui le courage inconscient de la jeunesse. Buddy était résolu à ne plus rien concéder à Gekko le Magnifique.

6

Dis-moi qui tu hantes et je te dirai qui tu es. Anne Darien Taylor se définissait uniquement en fonction des gens qu'elle fréquentait.

Fille d'un petit agent publicitaire travaillant chez J. Walter Thompson, Anne avait grandi dans les quartiers à loyers modérés des banlieues résidentielles du Connecticut. Elle avait toujours choisi ses amis avec soin, suivant en cela les conseils de sa mère, selon laquelle il ne fallait se lier qu'avec des gens qui « pouvaient vous apporter quelque chose ». En dépit du fait que sa famille pût difficilement prétendre faire partie du gratin, Anne, dès l'adolescence, avait adopté les manières et les manies des classes aisées. Et elle incarnait si bien la débutante bon teint qu'elle avait pas tardé à perdre son vrai prénom, somme toute bien commun, pour devenir pour tous et pour toujours « Darien ».

Darien était enchantée de son métier – elle était décoratrice d'intérieurs – bien que ce ne fût ni pour l'argent ni par amour des beaux meubles qu'elle l'avait choisi. C'était une collectionneuse. Une collectionneuse de relations prestigieuses. La décoration lui permettait d'approcher les gens riches ou en vogue. Ses progrès considérables étaient consignés à la fois dans *Maison et Jardins* et dans *People*, bien que ses clients fussent la plupart du temps de ces nouveaux riches dont Mark Hampton n'avait pas le temps de s'occuper.

Son plus grand succès professionnel avait été de

décrocher la clientèle de Gordon Gekko. Quand elle s'était vantée de cet exploit devant son père alors à la retraite, celui-ci lui avait demandé « qui était ce Gordon Gekko ». Darien s'était moquée de son ignorance. Qui n'avait entendu parler de « Gekko le Magnifique »?! George Taylor s'était esclaffé :

– Je parie que tu serais incapable de me citer un seul empereur de la dynastie Han. Des souverains qui exercèrent pourtant en leur temps un pouvoir absolu...

Les références historiques de son père n'amusaient ni n'intéressaient Darien.

Buddy ne la remarqua pas tout de suite quand il pénétra chez *Ernie*, un bar « in » de Broadway fréquenté par les jeunes loups de la finance. Découragé par sa journée, il avait décidé d'oublier pour ce soir graphiques et ordinateur.

Autour du colossal bar de bois se pressaient quatre rangées de clients. De jeunes professionnels à l'air prospère, un verre à la main, occupaient en petits groupes serrés l'espace restant. D'autres étaient assis autour de tables rondes, devant de grands verres remplis de boissons colorées, des Margaritas, des Piña Coladas, des Daquiri... si les générations se définissaient par leurs boissons, on était loin de l'ère whisky-soda.

Chez Ernie était, pour tous ces célibataires, une extension du bureau et de la maison. On pouvait y rencontrer un partenaire pour la nuit... ou pour la vie, y retrouver des relations d'affaires. Ici, tout le monde pensait et parlait argent, sans complexe. Si d'ordinaire le terme « arriviste » avait une connotation nettement péjorative, chez *Ernie*, personne ne se cachait de vouloir « arriver ».

Les « yuppies » ne se lassaient pas d'échanger des histoires de réussites spectaculaires, de plongeons dramatiques. Si certaines étaient apocryphes, elles n'en étaient pas moins édifiantes. Buddy n'eut pas à tendre l'oreille pour suivre un récit animé mettant en scène un marieur d'entreprises apparemment fort heureux en affaires.

– ... Tu connais Marth Wyndham? Eh bien il s'est fait 650 000 dollars avec cette fusion. Il a tout juste vingt-six ans. C'est Rambo, ce type! Il s'est acheté une Porsche Turbo, possède une maison à Westhampton, une garçonnière sur la Deuxième Avenue, se lève à deux plombes tous les matins, arrive à son bureau à quatre... ne dort jamais... C'est Rambo, je te dis...

A entendre de telles histoires, Buddy avait l'impression d'être quant à lui un funambule sur un fil glissant. Il se commanda une deuxième Margarita, espérant que l'alcool l'aiderait à s'abstraire de ces incessantes discussions sur l'argent et les coups de bourse. Tel un lion surveillant un troupeau de zèbres dans la fournaise méridienne, il promena paresseusement son regard sur la salle, comme s'il ne s'attendait pas à ce que son effort lui rapporte grand-chose.

Un peu à l'écart, adossée à un pilier blanc, un spot dispensant sa lumière jaune au-dessus d'elle, se tenait Darien. Sur cette toile de fond dépouillée, sa beauté froide se détachait magnifiquement.

Buddy était fasciné. Il ne pouvait la quitter des yeux. Il avait du mal à imaginer ce qu'une fille pareille pouvait bien faire dans un bar pour célibataires... toute seule. Ce qu'il ne pouvait deviner, vu son attitude légèrement provocante, c'était que Darien attendait quelqu'un. Darien était une chasseresse. Elle ne pouvait s'empêcher de décocher ses flèches, dans l'espoir de toucher au cœur quelque gros gibier.

Pour la seconde fois en quelques heures, Buddy rassembla tout son courage et se jeta à l'eau. Il s'approcha de la jeune femme.

– Salut... Je peux vous offrir un verre?

– Merci, je n'ai pas soif...

A en juger par son regard franchement méprisant, Bud n'était pas le genre de gibier qu'elle avait l'habitude de lever.

– Écoutez... je sais que beaucoup d'hommes doivent vous tourner autour, mais je ne suis pas comme les autres. J'aborde rarement les gens que je ne connais pas. Toute ma vie j'ai attendu la femme idéale. Vous êtes cette femme. Vous ne le savez pas encore, mais moi, j'en suis sûr. Si vous partez maintenant, nous ne nous reverrons plus jamais. Nous vieillirons...

– Ça, c'est sûr, commenta une Darien amusée.

Il continua :

– Je vieillirai. Nous mourrons tous les deux sans nous être jamais connus... C'est curieux, je jurerais vous avoir déjà vue quelque part et vous avoir laissée échapper. Quelle tristesse! Vous accepterez bien un verre de la part d'un verreur... heu, d'un rêveur. Qu'est-ce que vous prenez?

Elle le regarda, légèrement décontenancée. Il n'était pas mal de sa personne. Mais était-il sérieux ou lui servait-il son baratin habituel?

– O.K.! Un Grand Marnier.

– Et surtout n'en profitez pas pour vous évaporer.

Fendant la foule, Bud gagna le bar, où il réussit à capter l'attention d'un serveur. Pendant ce temps, un élégant jeune homme âgé d'environ trente-cinq ans embrassait Darien sur la joue et l'entraînait vers la sortie. Buddy vit la femme de ses rêves disparaître par la porte sans même jeter un regard derrière elle. Le serveur répéta sa question.

– Ce sera quoi?

– Ça m'a échappé...

7

Les nuages qui assombrissaient l'humeur de Buddy ne tardèrent pas à envahir son horizon professionnel. Hy Lynch se mit à lui mener la vie dure, tandis que la direction exerçait des pressions de plus en plus sensibles sur le département des ventes. Le service connut alors une hémorragie de courtiers à haut rendement, qui allèrent proposer leurs services à de plus petites firmes ou à d'autres supermarchés de la finance, là où le souvenir des jours meilleurs leur serait moins amer. Les bureaucrates réagirent à ces défections en masse en serrant davantage la vis à chacun, imposant des quotas de productivité à chaque département, à chaque courtier, le but de la manœuvre étant d'identifier et d'éliminer les 15 % les moins productifs du lot, dont ils considéraient qu'ils occupaient inutilement un espace précieux. Dans un avenir relativement peu éloigné, débarrassée de la lie et privée de la crème, Jackson & Steinhem deviendrait une société d'employés réguliers, d'une rentabilité honnête, ressemblant de plus en plus à la maison mère, la Tempérance.

Hy Lynch n'avait pas manqué de rendre compte à Lou Manheim de la baisse de productivité de Buddy. Lou connaissait les sentiments du jeune homme à l'égard des changements s'étant opérés dans la boîte depuis son rachat. Lui-même n'était pas loin de partager ses réserves et sa nostalgie.

Un matin, il appela Buddy à son bureau.

– Hy me dit que tu n'as pas respecté ton quota. Quelque chose qui ne va pas? Je peux peut-être t'aider...

– Je me défonce autant qu'avant, monsieur Manheim... mais ça ne donne plus les mêmes résultats. Sans doute une mauvaise passe...

– Buddy, nous ne vendons pas des casseroles ou des machines à laver, ici, mais de la confiance... un produit intangible. Si tu ne crois plus à ce que tu fais, comment veux-tu que les autres y croient? C'est comme dans la jungle, ici. Si tu es blessé, les autres animaux le sentent. Ils perdent confiance en toi et te lâchent... ou, pire, s'attaquent à toi.

Buddy secoua la tête, découragé, tandis que Manheim continuait :

– Même si la boîte n'est plus ce qu'elle était quand tu es arrivé, elle a quand même beaucoup à t'offrir, tant sur le plan professionnel que sur le plan personnel. Peut-être les changements qui se sont opérés ont-ils du bon, ou du moins étaient-ils nécessaires. Plus une société grandit, plus elle a besoin de structures et d'organisation. Dans notre domaine, la concurrence est impitoyable. Il faut s'adapter pour survivre...

Buddy l'interrompit :

– J'essaierai, monsieur Manheim. J'essaierai.

– Si tu mélanges le rêve et la réalité, tu ne pourras plus rien faire. Tu seras complètement paralysé.

– Oui, monsieur. Je vois ce que vous voulez dire.

Les tambours de jungle de Jackson & Steinhem ne tardèrent pas à faire courir le bruit que Buddy Fox avait des ennuis. Immédiatement, Chucky Cushing prit ses distances. Cushing savait qu'il était le premier dans le colimateur. On le trouvait étrange, en haut lieu. Ses méthodes n'étaient guère appréciées, bien qu'il fût l'un des meilleurs vendeurs de la maison.

Buddy se sentait de plus en plus isolé. Seules ses relations avec Marvin Wycoff et Dan Hickey ne s'altérèrent pas. Les jeunes assistants de vente commençaient à le regarder d'un œil différent. Le respect qu'ils avaient accordé à ce favori de l'ancien régime – un homme à courtiser – s'évanouit. En disgrâce, Buddy ne fut plus à leurs yeux qu'un obstacle à leurs ambitions. Ils voulaient sa cabine.

Buddy broyait du noir, ce jour-là, quand Gina, la secrétaire de la salle de courtage, l'appela :

– Buddy, un appel pour toi.

Buddy décrocha machinalement mais se redressa si brusquement sur son siège que Marvin lui jeta un regard interrogateur, pressentant quelque nouvelle d'importance. A l'autre bout de la ligne, Gordon Gekko se laissa aller dans son fauteuil afin de jouir d'une meilleure vue de la statue de la Liberté, et s'adressa à son haut-parleur.

– O.K.! Bud Fox, achète-moi 20 000 Bluestar. Avec une limite à 15 1/8, 3/8. Et ne fais pas le con, mon pote.

– Oui monsieur. Merci monsieur. Vous ne le regretterez pas.

Bud disait toujours que le but du jeu était de gagner dans les règles. Mais aujourd'hui, il était juste satisfait d'avoir gagné.

Marvin s'approcha de lui :

– Heu... t'as levé un gibier intéressant, Buddy?

– Marv, je tiens l'éléphant dans ma ligne de tir.

Quelques jours plus tard, avant même qu'ait retenti la sonnerie marquant l'ouverture de la séance, courtiers, négociants et assistants se pressaient autour de la cabine de Buddy. La nouvelle que Bud Fox avait rabattu Gekko le Magnifique d'un simple coup de fil... et que ce dernier avait acheté des Bluestar, s'était répandue comme une traînée de poudre. A 9 h 15, un communiqué fut transmis sur le téléscripteur de l'agence Reuters :

MINISTÈRE TRANSPORTS LÈVE MESURES SUSPENSION BLUESTAR. DONNE ACCORD NOUVELLES DESSERTES. COTATION ACTION RETARDÉE CAUSE DÉSÉQUILIBRE ORDRES.

Buddy appela le responsable des transactions sur actions pour avoir une idée du cours d'ouverture du titre.

– 19? Merci Sidney.

Dan Hickey se réjouissait sincèrement de la bonne fortune de Buddy.

– L'homme du jour. Faites-lui prendre un bain de pieds, il a les chevilles qui enflent. Un de ces quatre, il faudra quand même que tu m'expliques comment tu as fait pour décrocher le compte de Gekko le Grand.

– Si tu veux tout savoir, c'est grâce à ma cravate magique, Dan, répondit Buddy en agitant celle qu'il portait ce jour-là sous le nez de son collègue.

– Je te l'échange...

Lou Manheim vint à son tour féliciter Buddy.

– Je savais que tu te reprendrais, Bud. Bluestar est une bonne petite société. Je me souviens de l'époque où nous financions l'achat de ses premiers appareils, dans les années cinquante.

Une superbe assistante de ventes d'origine chinoise qui passait par là s'arrêta pour poser une question à l'homme dont l'avis faisait désormais autorité dans la salle de courtage.

– Marv dit que tu pourrais bien t'intéresser à Teldar. C'est vrai?

– Couche avec moi et tous les secrets de l'Occident seront à toi, ma belle, répondit-il en la gratifiant d'une caresse et d'un sourire.

Manheim intervint :

– Teldar est un canard boiteux, Buddy. D'accordr, il se peut que tu fasses de l'argent... il court sur son compte des rumeurs d'O.P.A., mais tu risques gros. Qu'est-ce que cette société rapporte? Des nèfles. Il n'y a rien à gratter.

Buddy était content de lui. Il était si soulagé que la tête lui en tournait presque.

– Une valeur sûre, monsieur Manheim. Achète, Julie, continua-t-il avec un sourire espiègle.

Secouant involontairement la tête, Lou Manheim s'éloigna.

Quand chacun eut regagné sa place, Marv pivota sur son fauteuil et se tourna vers Buddy, l'air déçu et agité.

– Buddy... Buddy, pourquoi ne m'as-tu pas dit d'acheter des Bluestar?

Fox fit signe à Marvin de mettre une sourdine et chuchota :

– Gekko exigeait le secret. Et je n'avais pas d'information particulière.

– Arrête ton char. Ton client a acheté ses Bluestar mardi et comme par hasard, on apprend justement aujourd'hui que le ciel s'éclaircit pour la société et que le cours de l'action flambe. Tu dois être dans le secret des dieux. Un vrai petit Nostradamus! Bon sang, à quoi servent les amis?

– D'accord, je te dois une faveur, Marv.

– C'est ça. La prochaine fois que ton petit doigt te fera des confidences de ce genre, tiens-moi au courant...

– Buddy, prends la 6. La secrétaire de Gordon Gekko, cria Gina, en imitant l'accent anglais.

– Salut, Natalie... déjeuner au club 21? Dites à M. Gekko que je suis déjà parti.

Tandis que Bud se précipitait vers la sortie, il croisa Hy Lynch, qui le gratifia au passage d'un petit coup de canne sur l'épaule.

– Du bon boulot, Fox. Pourquoi ne déjeuneriez-vous pas avec moi demain, dans la salle à manger directoriale...

– J'en serai ravi, monsieur Lynch. Merci.

8

Un des passe-temps favoris des convives du Club 21 était de se répandre en commentaires aigres sur la médiocrité de la chère et sur la cherté de la carte. Pourtant, parmi les New-Yorkais les plus riches et les plus puissants, bon nombre avaient leur table réservée dans la salle à manger du Club. A l'instar de Saratoga Springs, de Palm Beach, de Wimbledon et de tant d'autres lieux de rendez-vous de la jet set, le Club 21 offrait bien plus de services que sa vocation première ne le laissait supposer.

Sa clientèle était constituée pour la plupart de personnalités ayant fait leur chemin dans le labyrinthe de l'Amérique économique et politique. Dans la salle à manger du Club se coudoyaient directeurs de sociétés, anciens membres de cabinets ministériels, mafiosi... des hommes et des femmes ayant tous en commun d'être parmi les meilleurs dans leur domaine respectif.

Les propriétaires avaient pour habitude d'accueillir leurs hôtes à l'entrée du magnifique hall, qui abritait l'une des plus belles collections privées des œuvres de Remington, et de saluer chacun par son nom. Si toutefois un client avait l'infortune de ne pas être connu d'eux, il lui était clairement donné à comprendre qu'il n'avait pas encore mérité cet honneur. Quelquefois, un habitué arrivait au bras d'une charmante jeune femme qu'il présentait alors d'un simple : « ma nièce Joanna » ou « ma chère amie Tamara ».

Sur les murs de la salle à manger du Club, protégés derrière des vitrines de verres, étaient exposés modèles réduits de trains, délicates poupées de porcelaine, coupes en étain et autres précieuses antiquités. Le Club 21 était un endroit où chacun devait se sentir à l'aise, se plaire, se distraire... Une profusion de serveurs en smoking blanc, ombres discrètes et furtives, prévenaient les moindres désirs du client, étaient aux petits soins pour lui. En fait, c'était cette profusion en toute chose qui faisait le chic du Club 21.

Au Club, toutes les conversations ou presque roulaient sur les affaires et le pouvoir. Les nouveaux arrivants s'arrêtaient parfois un instant à une table ou à une autre pour distribuer des poignées de main, rappeler subtilement un rendez-vous manqué ou évoquer brièvement une transaction.

Gordon Gekko était déjà installé à sa table habituelle quand Buddy fut introduit dans la salle à manger. Le jeune homme était hors d'haleine.

Gordon Gekko eut un imperceptible mouvement de recul en le voyant, puis laissa s'épanouir sur ses lèvres un sourire accueillant alors que Buddy le saluait avec enthousiasme et lui tendait une main largement ouverte.

– Salut petit. Assieds-toi.

– Très heureux de vous revoir, monsieur Gekko, fit Buddy d'une voix où l'inquiétude se mêlait à la gratitude.

S'exprimant d'un ton doctoral, Gekko essaya de faire comprendre à son invité que tout allait bien, qu'il pouvait se détendre.

– Essaie le steak tartare. Il ne figure pas sur le menu, mais je suis sûr que Louis se fera un plaisir de te le préparer...

– Bien sûr, monsieur. Et qu'est-ce que monsieur boira?

Buddy n'avait même pas remarqué le serveur, qui l'avait suivi jusqu'à la table de Gekko.

Buddy fouillait sa mémoire à la recherche d'un cru qui serait acceptable au 21, quand du coin de l'œil il aperçut une bouteille d'eau minérale sur la table voisine.

– Juste un Perrier, merci.

– Est-ce qu'une Saratoga fera l'affaire? demanda le serveur, indiquant par là que c'était là la seule marque disponible.
– Bien sûr... une Saratoga... parfait.
En attendant que Buddy soit servi, Gekko entreprit de régler un mini téléviseur couleur de 9 cm sur 15. Soudain, il changea de chaîne et l'indice Dow Jones apparut sur l'écran. Bud sauta sur l'occasion pour engager la conversation.
– Bluestar était à 21 quand j'ai quitté le bureau. Et il y a des chances qu'il monte encore avant la clôture.
Le petit sourire de satisfaction qu'avait arboré Gekko à la mention de Bluestar se changea en un rictus moqueur quand il demanda :
– Teldar grimpe à toute vitesse. Tu en as acheté? Je parie que deux minutes après être sorti de mon bureau tu étais pendu à ton téléphone.
– Non, ç'aurait été illégal, répondit-il, sur la défensive.
Gekko lui administra une petite tape sur l'épaule d'un air entendu. « A d'autres », semblait-il dire.
– Bien sûr! Relax, mon pote. Personne ne va aller cafter... Et ça, c'est légal? Tu veux les déposer sur mon compte? Tu t'occuperas de les placer...
Buddy saisit le chèque que lui tendait Gekko et le contempla, l'air ébahi. L'homme qui occupait la table voisine tendit subrepticement le cou pour voir du coin de l'œil le montant astronomique inscrit en haut du chèque. Aussitôt, il se pencha vers sa femme pour lui faire profiter de sa découverte :
– Tu as vu ces deux hommes, à côté de nous? Eh bien, tu ne vas jamais le croire mais...
Sur ce, sans transition, Gekko héla impatiemment le garçon :
– Alors, ma note, c'est pour aujourd'hui ou pour demain?
– Tout de suite, monsieur.
Gekko se tourna vers Buddy et, d'une voix glaciale, lui communiqua ses instructions :
– Couvre les achats Bluestar et investis deux cent mille billets dans l'une de ces affaires pépères dont tu parlais l'autre jour. Utilise un ordre « stop » pour

assurer tes arrières. Et pour l'amour du ciel, achète-toi un costard correct. Va chez Morty Stills. Dis-leur que tu viens de ma part...

Buddy se sentit rougir et eut envie de rentrer sous terre. G.G. en profita pour lui donner une autre leçon :

– Et souviens-toi que tous les jours tu es évalué et réévalué. Rien n'est jamais acquis. Ne l'oublie pas.

Bud ne savait plus que penser. Comment cet homme qui le mettait plus bas que terre pouvait-il être le même que celui qui venait de lui confier la gestion d'un compte d'un million de dollars?

– ... monsieur Gekko... Merci de me faire confiance. Vous ne le regretterez pas. Vous avez affaire à un battant...

G.G. le coupa d'un ton acerbe :

– Dépose le reste sur un compte de fonds de placement sur le marché monétaire. Je veux voir ce que tu as dans le ventre avant de te donner carte blanche... Et épargne-moi ce baratin de représentant de commerce miteux.

Sans laisser à Buddy le temps de recouvrer ses esprits, Gekko se leva pour partir. Passant à côté de lui, il se pencha et, lui étreignant le bras comme un mafioso sicilien donnant ses ordres à un homme de main, chuchota à son oreille d'une voix acérée :

– Tu m'as bien entendu... Je déteste perdre du pognon, mon pote. Rien ne me met plus en rogne que de paumer du fric. Si tu te démerdes bien, tu en retireras de gros avantages. Toutes sortes d'avantages. Reste chez toi ce soir. Louis, prenez soin de lui. Allez, bon appétit, petit.

Gekko signa rapidement sa note. Un large sourire éclaira son visage.

– A bientôt, petit.

Puis il se dirigea à pas lents vers la sortie, serrant machinalement les innombrables mains qui se tendaient sur son passage.

Bud resta assis là, transporté, ne pouvant quitter des yeux le chèque d'un million de dollars, comme un gamin venant de toucher sa première paye. Sans même goûter au steak tartare que le serveur venait de déposer devant lui, il se leva et quitta la salle à manger du

Club 21, étreignant dans sa main le chèque de Gekko le Magnifique.

Il avait été superflu de la part de l'homme d'affaires de lui recommander de rester chez lui ce soir-là. Le garçon était déterminé à s'occuper sans tarder de la composition du portefeuille de son client. Quand la sonnette de la porte d'entrée retentit, le parquet de son appartement était jonché de listings informatiques et une part de pizza froide traînait sur la table de bridge qui lui servait de salle à manger.

Sur le palier se tenait une superbe blonde, une créature de rêve presque irréelle dans son ensemble Chanel noir dont la jupe serrée lui arrivait à peine à mi-cuisse. Une cascade de chaînes en or ornait son long cou. Elle entra sans y être invitée dans le studio de Buddy. Il était clair, à la façon dont elle mouvait son corps gracieux, qu'elle se savait de ces créatures favorisées par la nature. Et par la vie. Dans les trente mètres carrés de Bud, elle faisait l'effet d'un magnifique papillon égaré dans un marais fangeux. Cependant, rien dans son attitude ne trahit sa répugnance.

– Salut Buddy. Je suis Lisa... une amie de Gordo.

– Lisa? Gordo? Oh, vous voulez dire M. Gekko?

Il chassa de sa tête chiffres et graphiques et se concentra sur ce qu'il avait devant lui. Un sourire aguicheur aux lèvres, Lisa arborait une décontraction toute californienne. Elle retroussa légèrement les lèvres en une subtile promesse d'infinies délices.

– Voulez-vous... heu... vous asseoir? balbutia Buddy en lui offrant d'un geste la chaise de bois devant la table de bridge.

Elle jeta un regard circulaire autour d'elle. Visiblement, elle n'avait guère envie de s'attarder. Avec un soupir accablé, elle s'appuya sur son épaule.

– Oh, c'est bien de Gordo de ne pas vous avoir prévenu... Habillez-vous, nous sortons.

– Ah?

Devant l'entrée de la maison de grès les attendait une interminable limousine. Deux pochards l'examinaient à distance, apparemment peu désireux d'attirer l'attention de l'armoire à glace qui était au volant. Quand Buddy et Lisa émergèrent de l'immeuble, les ivrognes se poussèrent du coude, hurlant de rire avant de féliciter bruyamment Bud pour sa bonne fortune. Bud salua bas ses courtisans puis s'engouffra dans la voiture. Tandis que la limousine démarrait, il se tourna vers sa voisine :

– Où allons-nous?

– Où vous voulez, mais je vous recommande fortement de vous en remettre à moi.

Lisa remonta sa jupe en haut des cuisses, comme pour lui donner une idée de ce qu'était la perfection faite jambe.

– John, nous allons faire un tour dans Central Park.

Ayant refermé la vitre de séparation qui les isolait du chauffeur, elle entreprit de vider dans une étroite fiole un petit sac de plastique plein d'une poudre blanche. Cette délicate opération achevée, elle approcha le récipient de son nez et aspira profondément. Puis elle tendit l'éprouvette à Bud. Comprenant, à son hésitation, qu'il n'avait jamais touché à la cocaïne, elle gloussa et, l'air un peu parti, commença à lui desserrer sa cravate et à lui déboutonner sa chemise.

– Allez Buddy, laisse-toi aller... détends-toi, ne pense plus à rien... laisse-moi faire... que dirais-tu d'une petite pipe? Tu verras, tu aimeras ça...

Après des années de lutte acharnée, de vigilance constante, la notion abstraite de se laisser aller, d'abandonner toute responsabilité à quelqu'un d'autre, était plus séduisante que Lisa ne pouvait l'imaginer. Mais peut-être pas Gordon Gekko. Cependant, Buddy avait fait si bon marché de ses valeurs personnelles ces derniers jours qu'il répugnait à abdiquer toute volonté. Déterminé à se battre pour conserver une parcelle d'identité, il tenta d'évaluer la situation, de se ressaisir. Mais la chair est faible. Avec un grognement, il s'abandonna au désir qui l'envahissait.

Quarante-cinq minutes plus tard, la limousine déposait Buddy devant chez lui. Quand il entra dans son studio, le téléphone sonnait. C'était Gordon Gekko.

– Alors, que penses-tu de Lisa?

– Incroyable, monsieur Gekko... un véritable feu d'artifice.

– C'est autre chose que cette foutaise d'amour

gratos, hein? Mille biftons, mais c'est du travail d'expert. Quand j'avais ton âge, j'accordais un délai de grâce d'un mois à celles de mes locataires qui acceptaient de me tailler une pipe dans le sous-sol de l'immeuble. Toi tu tiens le monde au bout de ta queue, gars. Profites-en.

Clic.

Gordon avait raccroché.

9

Gordon Gekko avait l'irritante impression de stagner, de gaspiller ses talents, son expérience, dans des projets similaires à ceux qu'il réalisait déjà dix ans plus tôt. Il souffrait de ne plus voir les choses avec les yeux de la jeunesse. Il avait toutefois conscience d'être plus vulnérable que par le passé. Il ne pouvait prendre le risque de détruire l'œuvre de toute sa vie. Tout en se débattant contre l'ambivalence profonde de sa personnalité, le prédateur restait fidèle à lui-même en affaires. L'impitoyable Gekko le Magnifique.

Gekko aimait bien Buddy, parce qu'il en voulait. Mais il ne lui faisait pas confiance, considérant que ses études et son éducation conformiste l'avaient mal armé pour la vie. Il soupçonnait que, en temps de crise, un garçon comme Buddy préférerait les plaisirs simples et tranquilles de la paix aux rigueurs de la guerre. L'instinct de Gekko le mettait en garde contre toute association avec Fox tandis que ses aspirations profondes le poussaient à poursuivre ses relations avec le jeune homme.

Gordon et Bud jouaient au squash au Club d'athlétisme, un monument dont la facture témoignait d'un faste que l'avènement du salaire minimum avait définitivement proscrit. Gekko prenait visiblement plaisir à éprouver la jeunesse de son protégé, tandis qu'il le baladait adroitement sur le court.

– Allons mon petit vieux, remue-toi. J'ai besoin d'exercice, moi, bon sang!

– Gordon... je... je n'en peux plus.

– Allons, reprends-toi... tiens au moins jusqu'à la fin du jeu.

Gekko s'arrangea pour que sa balle rebondisse à chaque fois hors de portée de la raquette de Buddy, suffisamment près toutefois pour qu'il puisse aller la chercher. Centre. Mur arrière. Mur latéral droit. Mur latéral gauche. Buddy joua chaque point jusqu'à ce que, épuisé, il se jette dans le mur frontal et s'écroule comme un pantin désarticulé. Après s'être assuré qu'il n'était pas blessé et l'avoir remis sur ses pieds, Gekko éclata d'un rire triomphal.

– Tu dois apprendre à dominer la balle, Buddy. Et acquérir de la résistance. La plupart des jeux se remportent à l'endurance. Lis donc *l'Art de la guerre*, de Sun Tzu. Tu comprendras que chaque bataille est gagnée avant même d'être engagée. Réfléchis-y.

Quand Gekko pénétra dans le sauna, après la partie, un vaste remous se créa dans la vapeur tandis que chacun essayait subrepticement de se rapprocher de lui, dans l'espoir pour les uns d'obtenir un tuyau boursier, pour les autres de lui glisser un mot sur l'organisme de charité qu'ils patronnaient, ou encore de pouvoir dire à bobonne qu'ils avaient bavardé avec Gekko le Magnifique, ce même jour, au club.

– C'est sympa comme club, hein, Gordon? émit Buddy de but en blanc.

– Ouais, grommela Gekko. Quand je suis arrivé à New York avec pour tout bien une chemise de flanelle, des pantalons troués et une paire de bottes, il ne s'est trouvé personne pour s'intéresser à moi, excepté Max Sugarman... Dieu ait son âme. Maintenant que je n'ai plus besoin de quiconque, tous ces petits merdeux des grandes écoles me font de la lèche. N'oublie jamais ça, Buddy. Chacun est seul dans la vie. Absolument seul.

Buddy décida de profiter de ce que Gordon était de si bonne humeur pour lui annoncer la mauvaise nouvelle.

– Heu... monsieur Gekko... nous avons enregistré une légère perte... sur Teleco. Environ 100 000...

– Pourquoi ne m'en as-tu pas parlé plus tôt? Quand il était encore temps d'agir?

– Je pensais que ça remonterait. Nous avons juste acheté un poil trop tôt...

– Oui.

L'humeur de Gekko s'était assombrie. Ce n'était pas pour les cent mille dollars. Il aurait pu tout aussi bien s'agir de cent millions. C'était le principe...

– Avoir raison trop tôt équivaut à avoir tort, mon gars. Tu n'as jamais lu les *Mémoires d'Hadrien*, dans ton université à la con?

– Non. Mais... monsieur Gekko, nous n'avions pas de cours de littérature. Je...

Gekko le coupa brutalement :

– Tu es loin d'être aussi malin que je l'avais espéré. Buddy, mon gars, ouvre grand tes oreilles. Ne compte pas sur Graham & Dodd pour faire de toi un homme riche. Tout le monde sur le marché connaît les mêmes théories. La plupart de ces diplômés super payés n'y entravent que dalle. Tu as besoin d'un système, d'une discipline. La balle est lancée chaque jour du centre du diamant. Laisse passer les balles trop rapides, ou les balles folles... attends que t'en arrive une bonne, lente, bien envoyée... et renvoie-la de toutes tes forces, loin, le plus loin possible. Une te suffit. Alors prends ton temps. Et si tu commets une erreur, ne t'en cache pas. Encaisse sans broncher. Pas de sentiments. Tu n'es pas le plus fort, mais tu dois continuer à te battre. Si tu as besoin d'un ami, prends-toi un chien. C'est la guerre de tranchées là-bas, mon pote... Ici aussi du reste. J'ai déjà vingt courtiers qui travaillent pour moi. Je n'ai que faire d'un vingt et unième. A la revoyure.

Buddy fut pris de panique. Il avait remis son sort entre les mains du maître, d'un maître absolu, et voilà qu'il était renvoyé à la niche.

– Je ne suis pas un courtier comme les autres, monsieur Gekko. Donnez-moi une autre chance, je vous en prie.

Gekko n'avait que mépris pour de telles manifestations de faiblesse. Pour les pleurnicheries. Arriverait-il à aguerrir Fox, à faire de lui un battant?

– Ce n'est pas d'un courtier dont j'ai besoin, mais d'un homme d'affaires. Quelqu'un qui, au lieu de nous mettre à la merci des événements, sache les provoquer, les utiliser à notre profit. Habille-toi. Nous allons voir une fois pour toutes ce que tu as dans le ventre.

Les deux hommes regagnèrent la limousine du financier. Tandis qu'ils remontaient Park Avenue, Gekko fit coulisser un panneau de bois derrière lequel était dissimulé un ordinateur IBM P/C. Il tapa le nom de Lawrence Wildman. Un historique complet de sa carrière, ainsi que la liste des sociétés dont il possédait 5 % et plus du capital, apparut sur l'écran.

– Ce nom te dit quelque chose?

– Bien sûr. Larry Wildman fut l'un des premiers raiders.

L'expression de Gekko se durcit.

– *Sir* Larry Wildman. Comme tous les British, il se croit sorti de la cuisse de Jupiter. Il a soudoyé une de mes vieilles secrétaires et m'a soufflé RDL Pharmaceuticals. Wildman le chevalier blanc... on commence à chuchoter qu'il m'aurait possédé. Il doit être châtié. Publiquement. Sinon tous les requins de la ville vont venir me tourner autour.

Buddy ouvrait des yeux ébahis... une collégienne écoutant sa meilleure amie lui raconter ses peines de cœur.

– Je me souviens de cette O.P.A...

Gekko lui servit le vieux proverbe sicilien :

– La vengeance est un plat qui se mange froid... Je voulais... bref, l'heure est venue de régler les comptes. Wildman vient de se faire naturaliser américain. Ma taupe m'a fait savoir qu'il était sur un gros coup. J'ai déjà une petite idée... Mais je veux être sûr... je veux savoir où il va, qui il voit. Et je veux que ce soit toi, mon pote, qui me donnes ces renseignements.

Les mains de Bud devinrent moites.

– Le suivre? Monsieur Gekko, je... ce n'est pas mon boulot. Je risquerais de perdre ma licence si la SEC * le découvrait. D'être convaincu de délit d'initié.

Gekko était écœuré. Était-il en train de perdre son temps avec une lavette?

– Délit d'initié? Oh, tu veux dire comme quand un père communique à son fils les conclusions d'une enquête dont faisait l'objet une compagnie d'aviation?

* Équivalent américain de la Commission des Opérations de Bourse.

Ou quand quelqu'un m'entend dire que je suis sur le point d'acheter Teldar? C'est ça?

Bud ne pouvait en croire ses oreilles.

– Comment avez-vous su, pour mon père?

Gekko ricana :

– L'information est l'outil de travail le plus précieux que je connaisse. Sommes-nous d'accord?

Gekko était furieux comme un père que son rejeton a déçu. Il était encore hanté, des années après, par des visions de locataires menaçant de lui coller une balle dans la tête, ou de voyous le rossant sauvagement et le laissant pour mort dans une ruelle sombre de Brooklyn. Parti de rien, il avait pris tous les risques pour arriver à ses fins. Et ce diplômé d'Harvard à la noix, ce petit pleurnicheur de merde qui voulait tout tout de suite n'avait même pas les couilles de prendre ce qui était à sa portée. Un venimeux nuage noir creva en lui, vomissant un torrent de déception et de haine.

– J'ai bien peur, petit, qu'à moins que ton paternel ne soit représentant syndical dans d'autres boîtes nous ne puissions continuer à faire équipe ensemble... avoue que nous aurions du mal à gagner notre croûte, ajouta-t-il d'un ton sarcastique.

– Même si je me défonce? demanda naïvement Buddy.

Gekko fut si révolté par tant d'inconscience et d'immaturité qu'il en abandonna sa morgue habituelle.

– Te défoncer? Mais tu te défonces! Je parie que tu es resté debout toute la nuit pour étudier ce cheval boiteux sur lequel tu nous as fait miser! Et ça a servi à quoi? Mes parents aussi se sont défoncés toute leur vie. Ils trimaient comme des bêtes pour payer les factures, en pauvres bouseux respectueux des lois qu'ils étaient. Ce qui n'a pas empêché les banquiers, les industriels et même, ouais, même le gouvernement de notre beau pays, de se liguer pour leur voler leur ferme. En toute légalité, bien sûr. Réveille-toi, mon vieux! Si tu ne te mets pas tout de suite du bon côté, tu ne vas pas tarder à te retrouver dans le camp des baisés.

Buddy murmura doucement :

– Je suis désolé... vraiment désolé pour vos parents.

Gekko rougit légèrement, embarrassé. Il reprit d'un ton plus mesuré :

– Je ne te parle pas de gagner 200 000 dollars par an, de voyager en première classe et de vivre à l'aise. Non. Je t'offre de devenir riche, petit. Assez riche pour avoir ton propre jet, assez riche pour ne pas perdre de temps. Tu as ce qu'il faut pour entrer dans mon écurie. La question est de savoir si tu as ce qu'il faut pour y rester !

Gekko descendit sa vitre alors que la voiture passait devant le refuge pour les sans-abri de la 67e Rue. Sur le trottoir, un homme richement habillé s'apprêtait à traverser Park Avenue tandis que non loin de lui un vagabond fourrageait dans une poubelle à la recherche de sa pitance journalière.

– Tu crois vraiment que la différence entre ces deux types est une question de chance? La Maison-Blanche prétend qu'il ne faut pas nourrir les affamés de peur de leur ôter le goût du travail. Tu ne crois pas qu'il faut se défoncer pour se trouver de quoi becqueter trois fois par jour dans une poubelle?... Mohamed, arrête-toi là... quand on en arrive au fric, tout le monde a la même religion. Ou le devrait, du moins. J'espère que tu ne vois pas d'inconvénients à ce que je te lâche ici. J'ai un rendez-vous... Je suis déjà en retard. A un de ces jours. Ravi de t'avoir connu.

Était-ce l'homme ou l'homme d'affaires qui chassait Bud de sa vie? Une question à laquelle Gekko le premier aurait eu du mal à tout répondre. Il détourna la tête et tendit la main vers son sédatif favori... le téléphone. Bud descendit de la voiture et, pinçant les lèvres comme un enfant sur le point de prendre une revanche, tapota sur la vitre teintée.

– O.K., monsieur Gekko. Vous avez gagné.

Gekko reposa le combiné du téléphone sur son socle. Une expression circonspecte passa furtivement sur ses traits, pour faire immédiatement place à la satisfaction. Celle d'un père dont le fils avait retrouvé le droit chemin.

– Ouais... belle nuit, hein. J'aime bien cette foutue ville... étouffante, puante, unique au monde. Sept millions de pèlerins vivant les uns sur les autres. Des gamins qui naissent, des milliardaires qui meurent, des gens qui prient, des camés, des putes, des avocats, le fric, le sexe... des types comme toi, petit... Rêver de New York est tout ce que tu peux faire ici. Le pire, c'est ce que tu ne peux pas y faire.

Gekko rabattit sa portière et la limousine s'éloigna. Buddy resta un instant planté sur le trottoir de Park Avenue, entre le foyer des sans-abri et le Harold Pratt Mansion, puis se mit en mouvement, une expression résolue sur le visage. Le maillet et le burin de Gekko avaient donné forme à son ambition, l'avaient libéré du carcan de pierre qui l'emprisonnait.

10

Sir Laurence Wildman cultivait avec soin son honorabilité, qu'il considérait comme un élément fondamental de sa stratégie des affaires. Avoir modernisé l'industrie du textile quasi moribonde en Grande-Bretagne et tiré l'un des enfants de sa gracieuse majesté d'un fort mauvais pas avaient valu à Larry Wildman le titre de chevalier. Une distinction qui lui avait donné la respectabilité et le crédit dont il avait besoin pour étendre son empire.

Wildman était un spécialiste des méthodes douces. Byron Metz, son attaché de presse, ne manquait pas une occasion de souligner que Sir Laurence n'avait jamais lancé d'O.P.A. hostiles. Wildman procédait toujours de la même manière. Il achetait 10 % au moins des actions d'une société largement sous-évaluée en bourse, s'employait à gagner la confiance de la direction, se présentant comme un actionnaire « stabilisateur », qui allait protéger leur firme des requins tels que Gekko, étudiait sa cible de l'intérieur tout en continuant à acheter massivement des actions, puis lançait une offre publique d'achat, en accord avec la direction, pour laquelle il arrangeait le financement du rachat de ses parts dans l'entreprise. Grâce à cette procédure indolore, il avait pris le contrôle de nombreuses sociétés sans verser les indemnités de 50 à 100 % payables en cas d'O.P.A. hostile. Quelques esprits critiques avaient pourtant fait remarquer que chacun tirait profit de ces méthodes civilisées... à l'exception des actionnaires.

Wildman était considéré par beaucoup comme un individu arrogant. Il était en effet incapable d'accorder la moindre attention à ce qui n'était pas d'un intérêt primordial pour lui. Un tel détachement se lisait du reste sur son visage ce matin-là quand, sans même se fendre d'un bonjour à l'adresse du portier ou de ses collaborateurs qui le saluaient cordialement, il grimpa dans la Bentley qui l'attendait devant son domicile sur la 5e Avenue. Il ne prêta pas davantage attention au motard casqué qui, chevauchant une Kawasaki 500, démarra derrière la Bentley pour la suivre dans les rues embouteillées de New York.

Buddy gara sa moto à la hâte et s'engouffra dans le hall du 55 Water Street où venaient de disparaître Wildman et ses hommes. Il réussit de justesse à se faufiler dans l'ascenseur à la suite du petit groupe, qui s'arrêta au 30e étage, là où la Ruff & Co, l'une des plus habiles et des plus agressives banques d'affaires de Wall Street, avait ses bureaux. Son casque à la main, jouant les coursiers attendant un message, il eut la surprise de voir Wildman être familièrement accueilli à la réception par Duke Friedman, cheville ouvrière de la plupart des coups de bourse de l'Anglais. Jugeant qu'il était temps de battre en retraite, Buddy redescendit dans le hall d'entrée, où, posté près du stand de journaux, il guetta deux heures de suite la réapparition de son « client ».

Un peu plus tard, Buddy fila la Bentley jusqu'au 1, New York Plazza, d'où Wildman ressortit en compagnie d'Arthur Milcus de Feldam, Samuels, Sachs & Harman, un cabinet juridique spécialisé dans les fusions et les acquisitions d'entreprises. Ensemble, ils se rendirent au siège de l'American Bank & Trust, sur Park Avenue. Bud pénétra à leur suite dans le hall désert, mais fut refoulé sans ménagement par un gardien quand il s'avéra incapable de produire un badge de visiteur. A quatorze heures quinze, Wildman reparut, bras dessus, bras dessous avec Greer Gorham, à l'issue d'un déjeuner apparemment fort réussi dans la salle à manger directoriale. Plusieurs hauts responsables agitèrent la main, un sourire jusqu'aux oreilles, quand la Bentley s'éloigna.

La Kawasaki fonçait derrière la Bentley, sur la voie

express de Long Island conduisant à l'aéroport. Buddy avait l'impression d'être un terroriste, efficace, déterminé et impitoyable, sur le point d'accomplir une mission meurtrière.

La Bentley dépassa les terminaux de LaGuardia et s'élança sur le terrain d'aviation de la compagnie Butler, pour stopper aux côtés d'un Gulfstream prêt à décoller. Avec Wildman à son bord, l'avion gagna le bout de la piste, laissant dans le sillage de ses gaz d'échappement un Buddy abasourdi. Mais un plan d'action germa aussitôt dans la tête du garçon alors qu'il apercevait un mécanicien qui se dirigeait vers le terminal.

Il s'élança à son tour sur le terrain d'aviation.

– Oh, merde! Ne me dites pas que M. Wildman était à bord de l'avion qui vient de décoller?

Le mécanicien hocha la tête.

– Mon patron va me tuer. Je devais lui remettre ceci. – Il secoua son calepin noir. – Des notes dont il devait prendre connaissance avant un rendez-vous particulièrement important... Vous savez quelle est la destination de son avion?

– Erie, Pennsylvanie...

Le mécanicien reprit son chemin vers les bâtiments, talonné par un Buddy déterminé à trouver au plus vite une cabine téléphonique. Il appela son mentor, pas peu fier de ses résultats.

– ... après avoir passé la matinée chez Ruff & Co, avec Duke Friedman, il a déjeuné à l'American Bank & Trust Company... avec le directeur... si je dois en croire toutes les courbettes et les sourires mielleux de ces messieurs de la banque sur le trottoir après le déjeuner, Larry est en train de préparer un gros coup, G.G... Il s'est envolé pour Erie, Pennsylvanie.

Gekko tapa Anacott Steel sur le clavier de son ordinateur. Son regard s'éclaira quand il vit que le prix des actions ANC n'avait pas bougé de 45 1/2.

– Alors, qu'est-ce que ça t'inspire, Toto?

Buddy étant resté silencieux, Gordon décida de lui donner une petite leçon. Le garçon devait apprendre à utiliser sa cervelle, à tirer ses propres conclusions...

– Tu ne t'es pas mal débrouillé, mais il te reste beaucoup à apprendre, Sherlock. Jette les dés et joue au monopoly... Quelle est la boîte qui a pu attirer Sir Laurence à Erie, Pennsylvanie?

Soudain visité par l'inspiration, Buddy se frappa le front.

– Nom de Dieu, il est en train d'acheter Anacott Steel.

Le capitaine communiqua ses ordres.

– Appelle François Devilier sur sa ligne privée à la Banque Privée de Zurich. Dis-lui de me constituer un parking d'un million d'ANC sur les comptes discrétionnaires de l'établissement. Qu'il s'approvisionne sur les marchés étrangers. Et utilise mon crédit pour t'acheter 100 000 ANC... que tu feras déposer sur un compte numéroté.

Buddy ferma les yeux, s'appliquant à fixer dans sa mémoire les instructions de Gekko, se rappelant les consignes strictes du maître : ne jamais prendre de notes.

– A l'ouverture, demain, achète deux mille options septembre 50. Tu te souviendras de tout cela?

Buddy hocha la tête et répondit par l'affirmative.

– Commence par acheter par blocs de 10 000, pas plus, avec une limite à 50 dollars. Ollie s'occupera des blocs plus importants. Quand il te le dira, tu pourras filer le tuyau à tes collègues les plus sûrs. Puis tu appelleras ce numéro : 555-7617, et tu diras simplement ceci : « Sabot Bleu aime Anacott Steel. » Tu as bien joué, Bud. On se rappelle.

Clic... Gekko avait raccroché. Aussitôt, il appela Steeples.

– Ollie... lance une offre pour des blocs d'ANC de 10 000 et plus...

Buddy enfourcha sa moto et fila en direction des hangars de Bluestar Airline signalé par une grande bannière sur laquelle on pouvait lire « Bluestar – Toujours plus loin ». Sous le hangar, Carl Fox, Charlie Dent et Dominick Amato étaient occupés à changer un générateur sur un 727. Un peu plus loin, un assembleur rivait un aileron.

Bud dut crier pour se faire entendre.

– Salut 'Pa... bonjour Charlie... Ça boume, Dominick?

Carl dégringola de son perchoir et donna une vigoureuse accolade à son fils. Buddy était toujours très touché par les démonstrations d'affection de son paternel. Il sourit... impatient de le mettre au courant de sa bonne fortune.

– Qu'est-ce qui t'amène dans le secteur?

– Un client. Qui a un jet privé chez Butler Aviation.

– Comment vont les choses?

– Super... Un nouveau client... de nouvelles sociétés. Ça commence à bouger, papa. Je sais ce que je dis. – Bud fourra dix coupures de 100 dollars dans la main de son père. – Je peux enfin rembourser mes dettes.

– Bien sûr... on dit ça, mais es-tu seulement certain que tu auras de quoi vivre le mois prochain? – Carl baissa les yeux sur les 1 000 dollars. – Garde-les, Buddy. Je n'en ai pas besoin.

– Achète quelque chose pour maman. Envoie un magnétophone et des cassettes à Bobby... c'est pas la musique qui doit lui faire mal sur son porte-avions, dans le golfe Persique! Je t'en prie, papa, garde-les.

Carl, content de voir son fils reprendre du poil de la bête, décida de ne pas jouer les trouble-fête en refusant son argent. Mais ce brusque changement ne lui disait rien qui vaille.

– Le problème, avec le pognon, c'est qu'on en a jamais assez ou qu'on en a trop. Et quand on en a, on est jamais content parce qu'il y a toujours quelqu'un pour essayer de nous le piquer. L'argent, mon gars, c'est le pire fléau que je connaisse. Merci quand même!

– Papa, si on dînait ensemble un de ces soirs? Avec maman?

– Quand tu veux.

– Attends... la semaine prochaine, je ne suis pas libre. Je consulte mon agenda et je te recontacte, d'accord?

Carl ne releva pas la fatuité de la réponse de son fils.

– C'est ça, tu me recontactes. Je serai toujours là.

Buddy avait l'air de voler de ses propres ailes... Mais Carl Fox craignait que la loi de la gravité ne prenne sa revanche.

11

Buddy Fox et Sidney Cohen, responsable des opérations sur actions chez Jackson & Steinhem, se serrèrent rapidement la main dans la salle de courtage puis se retirèrent dans un petit bureau aux parois de verre pour se pencher, tels deux chirurgiens disséquant le dossier médical d'un patient, sur le cas Anacott.

Sid tapa ANC... puis ACTIONS sur le clavier de l'ordinateur. Aussitôt s'afficha sur l'écran la liste des porteurs institutionnels d'ANC, classés par ordre alphabétique, accompagnée d'une étude statistique sur le volume, la date des transactions et les mouvements du titre. Après avoir analysé soigneusement ses données et étudié toute une série de graphiques, Sidney, se raclant la gorge comme quelqu'un qui s'apprête à faire une déclaration d'importance, livra son diagnostic :

– Étant donné la limite à 50 dollars qui nous est imposée et la discrétion que requiert cette opération, il nous faudra environ trois mois pour accumuler deux millions d'actions sur le marché. D'un autre côté, si ton client l'exige, nous pourrons toujours négocier par blocs directement avec les zinzins tout en continuant à acheter à la bourse.

A ce moment, Bobby Smith, un négociant en blocs, passa la tête dans l'embrasure de la porte et lança :

– On offre 200 000 Digital Equipement à 162...

Cohen réfléchit un quart de seconde.

– Achète... et vends à découvert 200 000 IBM...

Cohen en revint à Anacott.

– Tu dois savoir que dans le temps la boîte aurait refusé de solliciter directement les clients institutionnels en pareil cas. Il nous aurait paru déloyal de les inciter à vendre juste avant que l'action ne grimpe. Cependant, la loyauté s'est perdue avec les années et, à présent, nous sommes prêts à traiter avec eux dans ces conditions... aussi, si ton client se fout de se griller auprès d'eux, nous les solliciterons et accumulerons le bloc en quatre à six semaines, tout au plus.

Buddy fit preuve d'un esprit de décision inhabituel.

– Qu'ils aillent se faire foutre. Chaque animal doit apprendre à chasser pour lui-même. Mon client ne doit rien aux zinzins... torpille-les, si c'est nécessaire.

Un numéro de code fut attribué au compte, G-081, et la réunion prit fin.

– O.K.! Buddy, c'est du bon boulot.

Buddy respecta scrupuleusement la consigne de secret imposée par Gekko. Il ne parla d'ANC à personne. Périodiquement, il jetait un œil discret sur la bande d'enregistrement électronique des cours, voyant avec satisfaction celui d'Anacott grimper avec régularité : 45 3/4; 46; 46 7/8; 47 1/8...

Les choses se précisèrent le mardi de la troisième semaine. Jackson & Steinhem avait alors accumulé deux millions d'actions. Bien que Gekko ne se montrât guère loquace sur les activités de Steeples, Buddy savait que le courtier progressait avec son habileté coutumière.

Buddy sentit que le moment était venu de mettre ses amis au parfum. Il se pencha vers Marv et lui chuchota à l'oreille :

– Anacott Steel... pour tes meilleurs clients.

Sans hésiter, Marv appela une importante société de Minneapolis. Ce fut une jeune femme à l'air compassé, vêtue d'un tailleur strict, qui répondit. Au son de la voix de Wycoff, elle abaissa ses lunettes sur le bout de son nez.

– Laura, j'ai injecté un petit cancer dans votre portefeuille, avec l'affaire Hubbard... mais je vais me racheter. J'ai une information en béton... Anacott Steel.

Buddy se dirigea vers la cabine de Hickey. Sans

crier gare, il interrompit la conversation téléphonique que Dan avait avec un client en appuyant sur le bouton de mise en attente. Dan pivota sur son fauteuil, surpris de voir tant de détermination sur le visage de Buddy.

– Dan... Anacott Steel...

Hickey opina et reprit son interlocuteur :

– Lasker, je viens d'entendre les deux plus jolis mots du jour : Anacott Steel.

Chucky Cushing, qui avait lui aussi entendu, se tourna vers Buddy :

– Hé, Buddy, j'ai bien envie de tâter de l'Anacott Steel, juste pour voir. Qu'en dis-tu?

– Ouais, pourquoi pas?

– Nous devrions faire une partie de tennis ensemble, la semaine prochaine, à mon club.

– Bonne idée, Chucky. Dès que j'aurai un peu moins de boulot.

– A ta disposition, gamin. Tu te défends comme un tigre, sous le nouveau régime...

Mais Buddy ne l'écoutait plus. Il s'approcha de Billy Glass et s'assit à côté de lui.

– Comment ça va, Billy?

– Pas trop mal. On se maintient.

– J'ai un tuyau en or... achète Anacott Steel. Pour ton compte personnel.

– Tu es sûr, Buddy? Je comptais passer associé... je suis au bout du rouleau. Je ne peux me permettre la moindre perte.

– Achète!

– Merci, Bud. J'espère que je pourrai te renvoyer l'ascenseur, un de ces quatre.

– Ne t'en fais pas. Si j'ai besoin d'un service, je penserai à toi. Bonne chance.

Quelques heures plus tard, mine de rien, au cours de ses inlassables pérégrinations, Lou Manheim s'approcha de Bud. Il posa une fesse sur son bureau, l'air plus sombre que d'habitude.

– J'ai entendu l'un des gars recommander Anacott Steel, à l'instant. Tout le monde sait que la société n'est plus très saine, mais il affirmait à son client que c'était du sûr. Il n'y a rien de sûr, en ce bas monde, si ce n'est la mort et les impôts. Sais-tu quelque chose à ce sujet?

Buddy assura à Lou qu'il ne pouvait rien lui dire maintenant.

Après un silence réprobateur, Lou Manheim déclara :

– Rappelle-toi, il n'existe pas de raccourcis, dans notre métier. Des champions du gain rapide apparaissent avec chaque marché haussier, pour disparaître peu après, mais les joueurs réguliers survivent quelle que soit la conjoncture. A Wall Street, tu fais partie d'une grande entreprise. L'argent que nous investissons pour nos clients crée des emplois, des produits, des services, permet de faire avancer la science... et toi, tu es jeune... tu as la vie devant toi. Ne la brade pas!

Bien que son instinct lui ordonnât de se lever, Buddy était comme collé à son fauteuil. Le respect qu'il vouait à Lou Manheim se teintait à présent d'une légère défiance.

– Vous avez raison, monsieur Manheim... mais il faut commencer par frapper un grand coup si l'on veut devenir un jour un pilier de la société et accomplir de grandes choses.

Manheim descendit de son perchoir, un pli soucieux barrant son front.

– Sois prudent, Buddy.

12

Une alarme déchira l'aube. Buddy se redressa brusquement sur son lit et y alla d'une grimace à l'adresse du réveil qui marquait 4 : 30. Il chercha à tâtons un bout de papier tout chiffonné sur lequel était gribouillé un numéro de téléphone, puis saisit l'appareil sur la table de nuit et le déposa sur ses draps. D'une main tremblante, il composa le 011-411-21-02-14. A l'autre bout de la ligne, installé derrière son bureau à cylindre dans la salle de direction de la Banque Privée de Zurich, François Devilier décrocha.

– Oui?

Au son de la voix tranquille de François, l'appréhension de Buddy s'envola.

– Bonjour.

– Bonjour.

Devilier avait à peine desserré ses minces lèvres. Ses yeux s'élancèrent autour de la pièce, comme s'il voulait s'assurer qu'il était bien seul.

– Vous avez bien acheté 100 000 actions pour mon compte?

– Mais oui, monsieur.

– Et le million à mettre sur les comptes discrétionnaires de la banque?

– Oui. Bud, quelles sont les probabilités d'une O.P.A.?

– 100 %, s'exclama Buddy. Quand notre ami aura envoyé le 13 (D) à la SEC, pour signaler qu'il possède 8 % du capital de la société, vous lui revendrez les actions qu'a achetées votre banque, avec un bénéfice de trois millions. Avec le parking d'actions que vous avez constitué pour nous, nous possédons déjà 15 % du capital d'Anacott Steel.

– Compris. Au revoir.

Buddy fut incapable de retrouver le sommeil. Pompes, flexions, course sur place, ne purent venir à bout de la tension qui s'était installée en lui. De Columbus Avenue lui parvenaient des crissements de pneus et d'occasionnels coups de klaxon. Enfin, à 7 h 30, il passa un autre coup de fil.

– Salle de rédaction. Farrell à l'appareil.

C'était presque l'heure de la relève, au *Financial Journal*. Farrell buvait sa dernière tasse de café de la nuit.

Bud chuchota dans l'appareil :

– Sabot Bleu aime Anacott Steel.

Et il raccrocha.

Le jeune reporter consulta rapidement son fichier arbitragistes. Les arbitragistes, des gens qui pariaient des fortunes sur des sociétés dont ils pensaient qu'elles étaient sur le point d'être rachetées. Il arrivait souvent qu'un raider, après avoir acquis à bas prix un bloc d'actions, lance une rumeur à leur intention, leur indiquant de miser de grosses sommes sur les actions d'une cible. La cible était ainsi « mise en jeu ». La victime, attaquée de toutes parts, était amenée à croire qu'elle ne pouvait survivre en tant que société indépendante. Si la tactique du raider réussissait, les dirigeants de la proie ne s'inquiétaient plus que de savoir comment revendre leur société tout en gardant leurs fonctions et leurs petits avantages.

Farrell appela Howie Rudin.

– Je voudrais vérifier un tuyau anonyme. Sûrement crevé. Tu n'as rien entendu dire concernant Anacott Steel?

Rudin demanda à son ordinateur de lui sortir un état détaillé des transactions effectuées sur le titre au cours des trois derniers mois. De longues colonnes de chiffres verts illuminèrent l'écran noir, indiquant qu'un important volume d'actions avait été acheté chaque jour à un prix croissant.

– Quelqu'un accumule les actions ANC.

– Merci, Rudy.

Rudin téléphona illico à son courtier.

– Achète 100 000 Anacott Steel. Il se passe peut-être quelque chose.

Le courtier en question contacta immédiatement un confrère du troisième marché *, sur la côte ouest.

– Charlie, j'achète 100 000 ANC... à 1/4 au-dessus de la clôture.

– Je peux t'en donner 30 000 à 1/4, le reste à 3/8.

– Adjugé!

De son côté, Farrell appela Ronnie Borgia, un atrabilaire notoire, chez Dinkins, Berger & Borgia.

– Borg, court-il des bruits sur Anacott Steel dans la communauté des arbs?

– D'après la rumeur, Wildman tournerait autour... La marchandise est en vitrine. Ce n'est qu'une question de temps avant que quelqu'un se porte acheteur.

– Merci.

Farrell se précipita chez son rédacteur en chef.

– Anacott Steel est en jeu. Notre pronostiqueur anonyme préféré, Sabot Bleu, a appelé. Deux arbs m'ont confirmé qu'il se passait quelque chose.

– Fais-moi un papier là-dessus pour demain. Mais ne perds pas de vue qu'il ne s'agit que d'une rumeur...

Buddy passa son dernier coup de fil.

– Bonjour, monsieur Gekko. Vous contrôlez 15 % d'Anacott Steel. Sabot Bleu a lancé l'offensive, conformément à vos instructions.

– Bon travail, Buddy. Je savais que je pouvais compter sur toi.

– Merci, monsieur Gekko.

Buddy s'écroula sur son fauteuil de velours vert. Il se sentait épuisé, heureux, détendu. C'était plus excitant que le sexe. Bud Fox ne serait plus un simple rouage dans la gigantesque machine financière de Jackson & Steinhem. Il était devenu l'un des acteurs de Wall Street. Un acteur qui n'allait pas tarder à toucher

* Gros blocs d'actions cotées sur une place officielle, mais négociées hors bourse pour ne pas peser sur les cours (marché hors cote).

de gros cachets. Gekko et Fox étaient désormais associés.

Buddy envisageait l'avenir avec confiance. Comme tous les matins, il se glissa dans son survêtement bleu pour aller courir autour du Reservoir de Central Park. Son visage reflétait l'espérance de la jeunesse – des joues pleines, un teint pâle que faisait ressortir une chevelure noire et bouclée, des lèvres sur lesquelles flottait un petit sourire de satisfaction. Le mètre quatre-vingts de Buddy sautillait en cadence dans la lumière pauvre du petit matin, sous le regard vide d'une armée de sans-abri allongés sur les bancs longeant le sentier. Seuls les yeux gris acier du garçon, toujours sur le qui-vive, trahissaient sa profonde solitude, son désir désespéré de plaire... Une préoccupation que n'avaient plus les épaves humaines affalées sur les bancs.

– ... c'est Anacott Steel qui, cet après-midi, a fait l'événement. Le titre, très échangé, a grimpé jusqu'à 51 1/8. On parle avec insistance d'O.P.A. Interrogée sur la question, la direction a répondu par un simple « pas de commentaire ». Sir Laurence Wildman, dont on prétend qu'il pourrait être le « repreneur », s'est refusé à toute déclaration. Les analystes pensent que l'action ANC pourrait monter jusqu'à 75 dollars dans le cas d'une O.P.A. hostile...

Dans la bibliothèque de sa résidence d'Easthampton, Gordon Gekko était en train de suivre la rubrique financière sur le réseau d'informations câblées, quand un serviteur chinois vint le prévenir qu'on le demandait au téléphone.

– Un journaliste du *New York Times* sur la deux. Il dit que c'est important... et un certain M. Fox sur la trois, qui affirme que c'est urgent.

– Je viens à la campagne pour trouver un peu de tranquillité et c'est pire qu'au bureau. Dis au journaliste que je ne suis pas là.

Il prit l'appel de Buddy.

– Ouais...

– Nous contrôlons 3,1 millions d'actions, et 2 000 options sur novembre 50. Prix moyen à l'unité 48 dollars... L'option cotant 4 dollars. Je regrette que nous n'en ayons pas acheté davantage.

– Ne t'emballe pas, coco, ou tu risques de te brûler les ailes. La règle d'or, en affaires, c'est de toujours garder la tête froide. Où en sommes-nous?

– Nous avons investi 149,6 millions. Nous en sommes pour l'instant à 7,3 millions... net. Si les prévisions des analystes se confirment et que l'action atteigne 75 dollars, nous empocherons 80,6 millions, dont 2,8 millions sur mes 100 000 actions.

Gekko sentit un frisson d'excitation le parcourir, tel le chasseur qui, caché dans un fourré, épie sa proie tandis qu'elle s'approche de l'appât qui déclenchera son piège.

– Sir Larry doit en avoir avalé sa Jarretière!

Buddy prit un ton d'excuse pour en revenir à l'immédiat :

– Monsieur, il faudrait que vous ayez signé ces papiers avant ce soir.

– Ça ne peut vraiment pas attendre?

– Mais, monsieur... vous y êtes légalement tenu.

– O.K.! Apporte-moi ça à Easthampton. Natalie te donnera l'adresse.

13

Gekko avait dû, dans sa course effrénée à l'argent, refouler ses sentiments profonds, se déshumaniser. C'était la prise de conscience de ce phénomène qui aujourd'hui le rendait amer, angoissé, plus pugnace que jamais en affaires, comme s'il cherchait à son sacrifice toujours plus de compensations financières.

Gordon rejoignit sa femme, Kate, sur la large véranda qui courait tout autour de la maison victorienne. Kate adorait Easthampton, où elle avait passé tous ses étés depuis sa naissance, comme sa mère et sa grand-mère avant elle. C'était à elle que son père avait laissé la maison à sa mort.

Entre les colonnes sculptées, les dunes de sable désertes absorbaient les derniers rayons du soleil couchant, qui, tel une âme habitant leur solitude, irradiait leurs contours fatigués. Tout était tranquille, serein, sans pourtant être statique. Le jardin des Gekko descendait en pente douce jusqu'aux roseaux et aux quenouilles dont l'ombre tremblotante se reflétait dans la mare qui dormait au pied des dunes – des dunes qu'écrasaient la sombre masse de la mer et la pâleur du ciel crépusculaire à l'horizon. Dans la lumière déclinante, les éléments se confondaient, se métamorphosaient tandis que le ressac des vagues sur la plage imprimait au paysage une touche d'éternité.

Gekko arpentait nerveusement la véranda. Wildman n'allait pas tarder à se manifester. Il remarqua comme la maison paraissait commander à la terre, pousser organiquement du sol par strates – véranda, salons, chambres, grenier – tel un orme gigantesque, se dresser avec arrogance comme les vagues de l'océan auquel elle faisait face.

– Kate... je déteste cette bicoque. Elle me ridiculise... elle donne une illusion de pérennité, alors que sur terre rien n'est éternel.

Gordon ne pouvait comprendre ce que sa remarque avait d'ironique. Lorsque Kate avait annoncé à son père son intention d'épouser Gordon, celui-ci s'était violemment opposé à ce projet. Là où Kate voyait un milliardaire s'étant fait tout seul, son père ne voyait qu'un parvenu. Quand elle lui avait expliqué que Gordon était fort, viril, comparé aux jeunes gens desséchés avec lesquels elle avait grandi, il lui avait demandé :

– Mais est-ce que ton agent immobilier saura apprécier cette maison? Réfléchis, Kate!

Kate était inquiète de la solitude croissante dans laquelle s'enfermait son mari, de sa mélancolie contagieuse.

– Gordon, renonce à ce combat constant. Tu ne prends jamais le temps de te détendre. Nous te voyons si peu, ton fils et moi. A quoi sert l'argent si on ne peut profiter de ce qu'il procure?

Gekko était d'humeur chagrine.

– Mon travail représente tout pour moi, Kate. Je suis incapable de m'arrêter...

Kate se sentait déprimée, frustrée. Elle tendit instinctivement la main vers un club de golf.

– Allons, laisse-toi aller... tu n'as plus besoin de te battre. Tu n'es plus le gamin pauvre de Campsville...

Gordon cueillit un géranium dans le riviera blanc et entreprit d'en arracher un à un tous les pétales.

Soudain une ombre gigantesque recouvrit la pelouse du jardin, devant la maison, tandis que dans le ciel passaient des milliers d'oies sauvages.

– Oh, Gordon, regarde les oies!

Gordon tendit le cou vers le ciel.

– Kate, je voudrais sincèrement me libérer... mais je ne peux pas... ce n'est pas dans ma nature, ajouta-t-il d'un ton résigné.

Il prit sa femme par la main et lui montra Jackson, leur terrier Norwich pure race, qui était en train de mâchonner quelque chose, au loin, dans les champs.

– Nous donnons à Jackson du bœuf, du veau, du poulet... les meilleurs morceaux, mais la première chose qu'il fait quand il peut aller s'ébattre dans les prés, c'est de tuer une souris et de se la boulotter. Parce que c'est dans sa nature de croquer du rat des champs... c'est un chien.

L'heure était venue pour Gordon et Kate de sacrifier à leurs obligations sociales et ils se levèrent pour accueillir leurs hôtes qui arrivaient pour le dîner. L'allée de leur jardin ressemblait à un salon de l'automobile étrangère. Rolls Royce, Mercedes, Jaguar, Ferrari s'y côtoyaient en bonne intelligence. Mais le joyau de la collection était sans conteste la Mercedes décapotable modèle 1951 de Steve Livingstone. Insolite parmi ces rutilants mastodontes, se remarquait la petite Buick du Pr Morris Heller, lauréat du prix Pulitzer figurant sur toutes les listes d'invitations d'Easthampton.

Les hommes, pieds nus dans des mocassins italiens ou des espadrilles, portaient des pantalons de coton blancs, verts ou rouges et de simples polos ou sweaters. Les femmes étaient vêtues de tuniques et de pantalons de soie, ou de robes bain de soleil. Seule la grosseur de leurs diamants donnait une idée de l'importance de leur compte en banque.

Les Gekko n'avaient pas d'amis intimes. Gordon choisissait lui-même toutes les relations du couple, plus sur des critères de sociabilité que de loyauté, de sensibilité politique ou de culture.

Sous la véranda, un serveur proposait aux invités champagne, vin blanc, vodka, gin ou Martini. Des cocktails étaient servis dans le patio, autour de la vaste piscine généreusement éclairée tandis que des plateaux chargés de canapés au saumon fumé et au caviar circulaient parmi les invités. Dans un coin du jardin, le cuisinier faisait griller de belles pièces d'agneau et de bœuf. Deux tables, égayées en leur milieu par un bouquet de dahlias, étaient dressées dans la salle à manger.

Les conversations allaient bon train. On évoquait les

lieux où l'on avait récemment villégiaturé, on commentait les aventures amoureuses, les liaisons et les divorces de connaissances communes, les livres que l'on avait lus et les films que l'on avait vus.

– Florence, c'était superbe! Je ne me lasse pas du palais Medici-Ricardi...

– Je ne me serais jamais imaginé qu'Henry Ames puisse avoir une liaison avec la fleuriste de Lexington Avenue... Maggie non plus, sans doute!

– *Le Temps des copains* m'a vraiment rappelé l'époque de l'université...

On parlait peu d'argent ou d'affaires, sauf pour se répandre en commentaires horrifiés sur la flambée des prix de l'immobilier à Easthampton.

Buddy arriva de la ville en costume-cravate. Il pria le majordome de l'annoncer.

– Bud Fox. J'ai des papiers à faire signer à M. Gekko.

Le majordome lui referma la porte au nez avec un sévère :

– Attendez un moment, voulez-vous?

Et il alla prévenir Mme Gekko qu'un certain M. Fox demandait à voir M. Gekko pour lui faire signer des papiers. Kate, à qui Gordon avait parlé de son protégé, s'empressa de rejoindre Buddy sous la véranda.

– Bonjour Buddy, je suis Kate Gordon. Vous arrivez directement de New York?

Buddy opina.

– Ça fait un sacré bout de chemin... confiez vos papiers au majordome et venez boire un verre avec nous.

En voyant Buddy approcher, remorqué par Kate, Gordon ne put s'empêcher de détailler sa tenue d'un air narquois.

– Si vous préférez, monsieur Gekko, je peux partir tout de suite...

Mais une note d'espoir avait percé dans sa voix.

– Mais non, reste, Buddy, vieux frère... débarrasse-toi de cette cravate et de cette veste... retrousse tes manches et joins-toi à nous. Attends, je vais t'introduire auprès de nos amis.

Bud réprima un halètement de surprise et fit son possible pour rester impassible quand Gordon lui présenta Darien Taylor, la superbe blonde dont il avait regretté la trop rapide disparition pendant des semaines. Darien ne le reconnut pas. Elle était ce soir-là encore flanquée du même bellâtre, dont Buddy apprit qu'il avait pour nom Steve Livingston. Sous la houlette de Gekko, son cœur battant la chamade, Buddy continua à distribuer des poignées de main à la ronde.

Suite à ces présentations, Buddy passa la plus grande partie de la soirée à observer et à écouter les autres. Les invités de Gekko le Magnifique ne semblaient guère se passionner pour ce qu'il avait à dire. Il ne put s'empêcher de garder un œil attentif sur Darien, guettant une occasion propice de l'aborder. Il était déterminé à ne plus jamais la laisser filer.

A un moment, il vit le serveur chinois s'approcher de Gekko et lui chuchoter quelques mots à l'oreille. Le maître de maison se tendit, puis se leva sans hâte et se dirigea d'un pas nonchalant vers le téléphone posé sur une petite table au bord de la piscine.

– Larry, quelle surprise... ça ne pourrait pas attendre demain? Ma femme donne une petite soirée... si c'est si urgent... vous voulez passer?

Wildman donna ordre au capitaine de son yacht de virer de bord et de mettre le cap sur le yacht-club de Montauk.

– Demandez au chauffeur de passer prendre mon avocat, Arthur Milcus, chez lui à Bridgehampton... et d'aller m'attendre au club. Nous partirons pour Easthampton dès que nous aurons débarqué.

Sir Laurence Wildman alluma son ordinateur et tapa Anacott Steel. Le visage contracté par la colère, il donna un coup de pied dans un gilet de sauvetage qui vola par-dessus bord.

– Le fils de pute! Je lui ferai cracher ses tripes.

Darien s'éloigna du bord de la piscine et entra dans le salon pour examiner une sculpture. Sautant sur l'occasion qui lui était ainsi offerte, Bud s'approcha d'elle, deux verres de Grand Marnier dans les mains.

– Enfin, je vous retrouve! Savez-vous que je vous attends depuis trois semaines?

– Pardon?
– Votre Grand Marnier.
– Oh, oui, je me souviens de vous à présent.

Darien tendit la main vers son verre. Buddy vit là un signe d'encouragement.

– Le destin nous sépara, mais je savais qu'un jour il nous réunirait...

– Aha... philosophe ou poète?
– Courtier. Je travaille pour Gordon.

Buddy se creusa la tête pour trouver un sujet de conversation susceptible d'éveiller l'intérêt de la jeune femme. Ses yeux tombèrent sur un tableau représentant un crâne de bison sur fond de paysage désertique.

– A votre avis, qu'est-ce que Gordon peut bien trouver à ce tableau?

– Je donnerais n'importe quoi pour avoir cette toile chez moi, même pour une semaine.

– Pourtant, cette croûte ne doit pas valoir grand-chose...

– Vraiment? Eh bien, vous pouvez dire adieu à tout espoir de faire un jour carrière dans le domaine de l'art parce que nous avons payé cette « croûte », comme vous dites, 400 000 dollars. C'est un Georgia O'Keefe.

En entendant Darien dire « nous », Buddy fut ramené quelques semaines en arrière, devant l'entrée de chez *Nell*. Il savait qu'il avait déjà vu Darien quelque part. C'était elle la magnifique créature au bras de qui Gekko avait fendu la foule, ce soir-là, jusqu'à l'entrée du club. Savoir qu'elle était d'une quelconque façon liée à Gekko ne l'en faisait que la désirer davantage... si une telle chose était possible. Darien serait son ultime récompense.

– Vous êtes décoratrice, si je comprends bien?

– Vous comprenez bien. Mon métier consiste à dépenser l'argent des autres.

– Eh bien, si vous êtes si forte, vous pourrez certainement réaliser des miracles chez moi.

– Où est-ce, chez vous?
– L'Upper West Side.

L'intérêt dont Darien avait fait montre à l'endroit de Buddy s'évanouit aussitôt. Le garçon essaya de se rattraper.

– Oh, c'est provisoire. Je dois déménager incessamment. Je cherche quelque chose dans l'East Side... que diriez-vous de dîner avec moi vendredi soir? A la *Quilted Giraffe*?

– Je suis peut-être déjà prise.

– Libérez-vous.

Darien réfléchit un moment, puis lâcha un soupir à peine audible et haussa les épaules.

– Eh bien, soit. Laissons faire le destin. Mon premier appartement de yuppie... et mon premier yuppie, ajouta-t-elle en lui caressant la joue.

Les deux jeunes gens éclatèrent de rire.

– O.K.!, à vendredi...

– Vous croyez vraiment au destin?

– Seulement quand je tiens à tout prix à avoir quelque chose.

A cet instant, Kate et Steve Livingstone entrèrent dans le salon.

– ... je t'y reprends, Darien, à parler à des inconnus. Tu n'es pas sortable!

– C'est notre Darien, monsieur Livingston. Vous ne la changerez pas... brillante, charmante, férocement indépendante... Vous connaissez Buddy, n'est-ce pas? Il travaille pour mon mari. Vous restez dîner, bien entendu, Buddy?

Buddy hésita, le regard fixé sur Darien. La sonnette de la porte d'entrée le dispensa de répondre.

– Excusez-moi une seconde, fit Kate.

Steve Livingston murmura quelque propos spirituel dans le creux de l'oreille de Darien et tous deux s'éloignèrent en riant. En sortant du salon, la jeune femme lança par-dessus son épaule à l'adresse de Buddy :

– Appelez-moi la semaine prochaine. Je vous ferai un devis.

Buddy était au septième ciel. Pourtant, il se sentait un peu gêné de s'être montré si prétentieux avec la jeune femme. Mais ça avait payé! L'expérience confirmait ce que Buddy avait toujours pensé. Il n'y avait pas meilleurs aphrodisiaques que l'argent et le pouvoir.

14

Sir Laurence s'avança dans le vestibule. Son blazer bleu marine d'une coupe parfaite tombait impeccablement sur sa chemisette de coton et ses pantalons blancs. Sur sa poche de poitrine était cousu un écusson représentant une Bible et une épée, armoiries rachetées à une vieille famille anglaise désargentée. Mais cet emblème héraldique ne parvenait pas à adoucir le profil de rapace de l'Anglais.

Kate dut faire appel à toute son éducation pour lui faire bon accueil.

– Larry... comment allez-vous? Vous voulez boire quelque chose?

L'homme d'affaires avait du mal à dissimuler son impatience. Il était visiblement pressé d'en découdre avec Gekko.

– Rien, merci. Est-ce que...

– Gordon est là? Bien sûr. Il arrive tout de suite.

A cet instant, Gordon apparut, s'avançant vers son hôte d'un pas nonchalant, un sandwich dans une main et un verre dans l'autre.

– Larry! Pardon, « sir » Larry. – Les yeux de Gordon se posèrent sur l'écusson de Wildman. – Content de vous voir. Vous avez l'air en pleine forme!

Sir Laurence jeta un regard autour de lui, sur les toiles de maîtres accrochées sur les murs victoriens, puis se tourna vers Kate et, affectant un ton nostalgique, dit :

– Votre père était un homme remarquable et cette maison, qui fut la sienne, restera toujours dans mon souvenir un grand foyer américain.

Buddy commençait à se sentir mal à l'aise. Déterminé à prendre congé, il profita de ce que Kate s'excusait de devoir aller rejoindre ses invités, pour murmurer :

– Je crois... que je ferais bien d'y aller, monsieur Gekko.

Sir Larry s'était fait accompagner de Arthur Milcus. Soucieux de maintenir un équilibre entre les forces en présence, Gekko lui fit signe de rester. Et puis, il ne lui déplaisait pas de procéder publiquement à l'exécution de son rival.

– Larry, laissez-moi vous présenter Bud Fox, l'un de mes collaborateurs.

Wildman ne prit pas la peine de rendre son salut à Buddy.

– Si nous en venions à l'affaire qui nous occupe, Gordon? s'impatienta-t-il.

– Si nous nous installions sous la véranda... la nuit est si douce.

Une grosse lune rousse planait entre les deux colonnes du porche, à l'extrémité de la véranda. Les quatre hommes prirent place dans les immenses fauteuils d'osier, leurs profils se détachant comme des découpages sur le clair de lune.

– Pourquoi ce soudain intérêt pour Anacott Steel, Gordon?

– Pour les mêmes raisons que vous, Larry : l'argent. Je pensais que ce pourrait être un bon investissement pour mon gamin...

– Non, cette fois-ci, mes motivations vont au-delà d'une simple question de profit. Je veux restructurer la société. Il ne s'agit pas de liquidation, Gordon. Avec les dollars que me coûtent vos magouilles sur le marché, j'aurais pu moderniser les installations d'Anacott.

Désireux de convaincre de la sincérité de sa soudaine solidarité avec le monde ouvrier, il avait ressorti son meilleur accent cockney, oublié depuis des années.

– Je ne suis pas le seul que vos manœuvres vont spolier, Gekko. Nous parlons de vies humaines, d'emplois, de trois ou quatre générations de sidérurgistes.

Les deux hommes se défiaient, les yeux dans les yeux. Hommes sans idéaux, uniquement préoccupés du présent, du matériel.

– Arrêtez, vous allez me faire pleurer. Mais la comédie du grand seigneur ne prend pas avec moi, Sir Laurence. Jetez donc ce masque, derrière lequel vous devez être en train de vous bidonner comme un malade, et reprenez-moi si je me trompe : il me semble qu'après avoir racheté CNX Electronics et vous être assuré d'avoir la direction dans votre poche, vous ne vous êtes pas gêné pour foutre à la porte huit mille employés. Et chez Jackson Fruit, n'ont-ils pas été six mille à passer à la trappe?...

– Je vous dispense de vos leçons d'histoire, Gekko. Sachez que je suis moi-même issu d'une famille de sidérurgistes. Il me tient à cœur de remettre cette société à flot. J'en fais une affaire de principe.

Un mépris cinglant durcit la voix de Gekko.

– Encore une fois, cessons de jouer les preux chevaliers... Nous ne sommes pas des hommes à principes, Larry, en dépit de cette Bible et de cette épée qui ornent la poche de votre blazer.

Il observa une pause puis, changeant de ton, reprit :

– Que voulez-vous, Wildman? Combien? Et quand?

Aussitôt, chez le Britannique, le vernis craqua. Sa voix devint cassante, brutale :

– Je pourrais vous briser, mon vieux. Vous briser en deux, vous le savez... Je pourrais balancer toutes mes actions sur le marché. Vous l'auriez dans le cul... Mais il se trouve que je veux cette boîte, je veux votre bloc. Je lance une offre demain à 65 et j'attends que vous y répondiez.

Buddy eut envie de courir aux abris. La riposte de Gekko allait faire mal, très mal. Mais son gourou resta calme. Il était maître du champ de bataille. Du moins tant qu'il restait sur ses positions.

– Je vous en prie, épargnez-moi vos menaces... Je déteste les épreuves de force. Vous avez toutes les chances d'avoir le dessus dans une guerre à outrance, mais nous savons tous les deux que vous ne pourrez respecter votre programme à Anacott Steel tant que je vous mettrai des bâtons dans les roues. L'un de nous doit s'effacer. La dernière fois, c'est moi qui me suis incliné. A votre tour à présent... Sir Laurence.

Gekko se tourna vers Buddy.

– Combien, à ton avis, valent nos actions Anacott, Buddy?

Tous les regards convergèrent vers Buddy. Après une microseconde de panique, il se concentra sur ses cent mille actions Anacott, qui attendaient sur un compte numéroté en Suisse. Aussi froid et impitoyable que son mentor, il déclara :

– La valeur patrimoniale est largement supérieure à 65. Elle serait plutôt actuellement de 80 dollars.

Gekko se récria benoîtement :

– Mais nous ne voulons pas nous montrer trop gourmands, Buddy. Que dirais-tu si nous les lui laissions à 72 dollars?

Dans les yeux de Wildman s'était allumée une lueur haineuse.

– Vous n'êtes qu'un pirate, Gekko. Je suis certain que vous n'hésiteriez pas à vendre votre propre mère si cela pouvait vous être utile, et encore vous arrangeriez-vous pour faire supporter les frais d'expédition par l'acquéreur!

Gekko était prêt à jouer sa dernière carte. Feignant la colère, il fit mine de se lever pour aller rejoindre ses invités. Voyant cela, Wildman se mit sur ses pieds et lâcha d'une voix glaciale :

– 71.

– 71,50. Pour vous apprendre à laisser ma mère en dehors de nos affaires.

– Marché conclu. Mes avocats prendront contact avec vous demain matin à huit heures.

Son « bonsoir » portait la promesse d'un autre affrontement, sur un autre champ de bataille... dont l'issue serait cette fois différente.

Gekko se tourna vers Buddy et, du ton docte d'un professeur en médecine expliquant un cas à un carabin, déclara :

– Il a raison. Je devais vendre. Les clés de la réussite, dans ce genre de jeu, ce sont les capitaux de réserve et le crédit. Si tu n'en as pas suffisamment, tu ne peux pas pisser contre les mêmes réverbères que les gros chiens.

Bud, désireux de montrer qu'il avait compris et retenu les leçons du maître, enchaîna :

– L'art de la guerre est fondé sur la ruse, dit Sun Tzu. Si ton ennemi t'est supérieur, dérobe-toi au combat, s'il se met en colère, imite-le, si vous êtes de force égale, affronte-le...

Un sourire de satisfaction éclaira le visage de Gekko tandis que les deux hommes regagnaient la salle à manger. Mais plus qu'amusé par la tirade de Buddy, Gordon était surtout soulagé de la reddition de Wildman.

– Tu apprends vite, petit...

Jamais Buddy n'avait vu Gordon Gekko si heureux.

15

Le vent soufflant en rafales de l'océan faisait voleter le store de la fenêtre de la chambre d'amis, dévoilant par intermittence à Bud un Gekko pâle de fatigue, silhouette solitaire sous la véranda enrobée de brume. Dans sa main droite l'homme d'affaires tenait un téléphone sans fil.

Un ciré jaune, un pull marin bleu et de hautes bottes protégeaient Gekko de la fraîcheur humide de ce matin d'automne. Bud enfila à la hâte un pantalon et une légère chemise de golf de chez Allen Solly, puis, ayant chaussé des mocassins de chez Gucci, rejoignit Gekko sous la véranda.

– Bonjour, Gordon. Qu'est-ce qui vous a tiré du lit de si bonne heure?

– Sache que l'argent ne dort jamais, petit. A mes débuts, en 1969, on bossait six heures par jour. A présent, avec Londres et ses mesures de dérégulations boursières, et l'Orient qui est plus gourmand que nous, la pendule ne s'arrête jamais. Tu fais faire à ton argent le tour du monde, achetant là, vendant ici, et si tu es malin, il te revient avec des intérêts. Je viens de me faire 800 000 dollars sur le marché de l'or à Hong Kong.

– J'ai eu un mal fou à trouver le sommeil... J'étais tellement excité par notre coup d'hier soir. J'avais l'esprit en ébullition. Que va-t-il se passer, maintenant?

Gordon s'efforça de tempérer l'enthousiasme de Buddy.

– Ce qui va se passer maintenant... c'est que tu vas attraper une pneumonie. Rentre et fais-toi prêter des vêtements chauds, des bottes... l'humidité est très pénétrante, aujourd'hui.

Bud fut bientôt de retour, dans une tenue identique à celle de Gekko, et les deux hommes prirent la direction des dunes. Leurs silhouettes solitaires se détachaient, sombres dans le brouillard, tels des collages noirs sur une grande toile grise. La demeure des Gekko disparut derrière eux, engloutie dans la purée de pois. Une corne de brume retentit dans le lointain, si impérieuse que les promeneurs crurent un instant entrevoir l'invisible pétrolier.

Mais Gekko et Fox n'accordaient que peu d'attention à leur environnement. Ils parlaient transactions, obligations, liquidations, profit, argent, argent... argent. Les mouvements saccadés de ces gymnastes cérébraux déchiraient le tissu cotonneux du brouillard. Gordon pointa un doigt vers la plage.

– Tu veux savoir ce qui va se passer à présent?... Regarde bien cet homme qui pêche au lancer, là-bas.

Le pêcheur était à peine distinct dans son ciré noir et son suroît. Ses avant-bras formaient avec ses bras un angle aigu, qui s'ouvrait ou se fermait en fonction de la houle, tandis qu'il repositionnait constamment sa ligne dans l'eau bouillonnante. Gordon l'observa un instant, admiratif.

– Traquer l'occasion... sans relâche.

Bud était soulagé de voir la conversation prendre un tour plus pragmatique.

– Et à quoi reconnaît-on l'occasion, comme vous dites?

– Que vois-tu, là où le pêcheur lance sa ligne?

– De l'eau, des vagues...

Gordon eut l'air déçu.

– Des mouettes... piquant sur les vagues. Sur un banc de poissons. Un pêcheur intelligent observe les autres pêcheurs et lance sa ligne en conséquence.

– Dans quel vivier d'actions allons-nous pêcher?

Gekko hésita, tel un professeur soucieux de faire passer son message.

– Les mouettes sont des animaux rusés. Ce sont

avant tout des pillardes. Elles ne chassent pas. Ne prennent pas de risques. Ne laissent rien au hasard. Si elles doivent pêcher, elles choisissent des proies faciles. Pas de spéculation... pas de mouvement inutile... Rien que du sûr.

– Et alors?

– Alors, arrange-toi pour grappiller des informations... Je ne veux pas savoir où ni comment... débrouille-toi simplement pour glaner des renseignements sur les reprises, les fusions, les restructurations, rien que du sûr. Trouve-toi des gars à qui tu puisses faire confiance... des gars qui eux aussi veulent leur part du gâteau... Et à propos d'information d'initié, en voilà une pour toi. Ma femme m'a dit que tu semblais avoir des vues sur Darien. Ce brave Livingston ne sait plus quoi foutre de son fric, mais c'est un raseur de première. Il ne va pas tarder à recevoir son congé, alors, ne laisse pas passer ton tour. Si tu suis mes conseils, tu deviendras riche. Assez riche pour pouvoir t'offrir une fille comme Darien.

Buddy buvait du petit lait. Pensant à voix haute, il élaborait déjà sa stratégie.

– Billy Glass fera l'affaire. Il est responsable du service des titres obligataires chez Jackson & Steinhem... est au courant de toutes les O.P.A. en gestation... s'est fait baiser par la firme... Il a besoin d'argent... mais c'est un solitaire.

– Un solitaire? Parfait. Pas besoin d'un superman. Juste d'un bon pêcheur.

– ... j'ai un vieux copain d'université qui est avocat. Il travaille dans le secteur fusions et acquisitions, chez Botts, Barnes & Dorrance. Il a fait son droit pour faire plaisir à son vieux, qui est associé majoritaire, mais il s'emmerde à mourir et devient vert de jalousie quand il entend parler de copains qui travaillent dans des banques d'affaires et gagnent trois fois plus que lui... Et puis il y a David Fine...

Gekko écoutait d'un air approbateur.

– O.K., l'école est finie, à présent. Tu connais les règles du jeu. Alors, mets-toi au boulot. Il y a un vieux proverbe russe qui dit : un pêcheur sait reconnaître un autre pêcheur de loin.

Gordon n'aurait su dire si l'indifférence juvénile

dont Buddy faisait montre à l'égard du danger était un signe de courage ou si elle procédait de l'enfantine conviction que, d'une façon ou d'une autre, quelque chose ou quelqu'un viendrait à sa rescousse quand les choses tourneraient mal.

– J'aimerais que tu déjeunes avec moi, ce midi. Ce sera l'occasion pour toi de rencontrer mon avocat, Harold Solomon.

– Super.

Le déjeuner fut servi sous le patio de briques rouges, au bord de la piscine. Un domestique proposa aux convives un assortiment de salades accommodées avec une vinaigrette légère et du homard froid à la mayonnaise. Dans un seau à glace, au milieu de la petite table de verre, refroidissait le vin californien.

Harold Solomon avait fait le voyage de New York à Easthampton à bord du jet privé de Gekko. En dépit de ses efforts pour paraître à l'aise, il semblait quelque peu déplacé dans un environnement si rustique. Sur son nez proéminent reposaient d'épaisses lunettes derrière lesquelles luisaient des petits yeux rusés cerclés de poches noirâtres. Avec son blazer bleu marine, sa cravate de soie grise et sa chemise blanche, il semblait plus habitué à passer ses samedis au bureau ou dans les galeries d'art de Madison Avenue qu'au bord d'une piscine.

Le vin fut servi tandis que l'homme de loi mettait de l'ordre dans ses papiers. Sans se dérider, il tendit une pile de documents à Buddy qui les réceptionna d'un geste décontracté.

– Vous comprenez que M. Gekko est constamment en butte à des tracasseries d'ordre fiscal ou juridique... aussi est-il préférable, dans notre intérêt à tous, de conserver entre vous et nous une certaine distance... Ceci vous donne mandat pour gérer le portefeuille de M. Gekko. Les opérations seront à votre entière discrétion. Ce qui implique que M. Gekko ne sera officiellement pas au courant de ce que vous achèterez. Signez ici, et là.

Gekko contresigna.

Maintenant que les dés étaient jetés, Buddy ne se sentait plus aussi sûr de lui. Il loucha vers Gekko, comme pour quémander un encouragement. Le sourire désinvolte du raider le réconforta.

– Ce n'est qu'un début, petit, ce n'est qu'un début...

Tandis que Buddy signait les uns après les autres et sans même les lire les documents que lui présentait l'avocat, celui-ci crut nécessaire d'insister :

– Vous comprenez que s'il y a un problème, vous serez seul en cause, seul à plonger.

Enivré par son nouveau pouvoir, Buddy ne prêta guère attention aux avertissements de l'avocat. Il continua à signer avec enthousiasme originaux, copies, spécimens...

– C'est normal, Harold. En amour comme à la guerre, tous les coups sont permis...

Mais Gekko intervint :

– Et l'art de la guerre, c'est la ruse, petit. Souviens-t'en. Répartis les ordres d'achat sur plusieurs comptes, tu ne te feras pas piquer...

Harold reprit :

– M. Gekko s'intéresse tout particulièrement à Teldar Paper. Nous aurions besoin de davantage de voix, en vue de l'inévitable confrontation avec la direction actuelle, mais nous ne voulons pas abattre nos cartes dès à présent. Il vous faudra donc parquer ces titres sur différents comptes.

Se souvenant de sa conversation avec Gekko, Buddy répondit :

– Je possède quelques amis qui ne seront pas mécontents d'avoir leur part du gâteau.

Harold demanda à Buddy de prêter la plus grande attention à ce qu'il allait lui dire :

– Voici un contact dans l'une de nos banques. Le jour du règlement, vous ouvrirez un compte là-bas pour M. Gekko, au nom de Geneva, Roth Holding Corp. Puis vous ferez transférer l'argent sur cet autre compte, dans les îles Cayman.

Gekko fit signe au serviteur qu'ils avaient fini de déjeuner et se leva de table. Bud échangea machinalement une poignée de main avec Harold. Il sourit avec confiance à son mentor.

Gekko s'était mis à l'abri des retombées légales des entreprises de son protégé. Grâce aux comptes discrétionnaires, il bénéficierait des manœuvres de Buddy sans se mouiller. Il pourrait, le cas échéant, prétendre avec toutes les chances d'être cru n'avoir jamais été au courant des agissements du jeune courtier.

Darien invita Bud à l'accompagner à la plage. Le jeune couple dévala en courant la pente douce des dunes et se jeta dans la mer agitée. Pendant plus d'une demi-heure, Bud et Darien s'en donnèrent à cœur joie, plongeant inlassablement dans les rouleaux, ou se laissant porter jusqu'au rivage par les lames déferlantes. Quand ils ressortirent enfin de l'onde, épuisés et ravis, le soleil brillait franchement. Buddy ne pouvait quitter des yeux le corps athlétique de sa compagne. Chevaleresque, il lui tendit une serviette de bain et l'en drapa. Elle le remercia d'un sourire impénétrable puis soudain, lançant les bras au-dessus de sa tête, elle se mit à pirouetter, son regard d'un bleu froid dévorant le ciel, la mer, la terre...

– Si tout ceci m'appartenait, je serais presque comblée...

– Oui, presque... fit Buddy, réprimant l'envie d'en dire plus.

– Alors, ça s'est passé comment, ce matin, avec Gordon et Harold?

Buddy fut pris au dépourvu.

– Ce matin... ah, oui. Bien. Nous sommes parvenus à un accord et avons décidé de nous partager la planète.

Darien rit.

– Tu as des désirs modestes! J'aime ça chez un homme.

– Et toi, que désires-tu?

Darien n'eut pas à réfléchir.

– ... un Turner, un diamant, un jet privé, la paix dans le monde...

– Pourquoi s'arrêter à cela? demanda Buddy d'un ton badin.

– Mais je ne m'arrête pas à cela, répondit Darien le plus sérieusement du monde.

Là-dessus, elle regarda Buddy bien en face, éclata de rire, jeta la serviette de bain sur ses épaules et partit comme une flèche vers la maison. Avec un temps de retard, Buddy s'élança à sa poursuite.

16

Le mardi suivant, Buddy décida de rendre visite à son ancien camarade d'université, Roger Barnes, chez Botts, Barnes & Dorrance. Il traversa d'un pas rapide la vaste place, où se bousculait une foule d'employés de bureau regagnant leur domicile, et entra au numéro 1223 de l'Avenue des Amériques.

Depuis l'alerte à la bombe de l'année précédente, aucun visiteur ne pouvait emprunter un ascenseur sans s'annoncer. Mais la surprise de Bud fut à son comble quand le gardien appela Barnes pour lui demander s'il connaissait bien un certain Bud Fox. Tandis que l'ascenseur se propulsait jusqu'au 43e étage, Buddy put constater que Botts, Barnes et Dorrance occupait seize étages.

L'élégante réceptionniste dut consulter son répertoire, un véritable pavé, pour localiser Roger Barnes.

– Baculey... Baldwin... Banner... Barnes... Barnes, Roger, il est au 56.

Elle appela un huissier.

– Veuillez conduire M. Fox à la salle 5604... c'est à l'intersection des couloirs 4 et E. Merci...

Sur le mur, derrière le comptoir de la réception, était inscrit en lettres d'or : Botts, Barnes & Dorrance, Esqus. Fondé en 1868.

La société avait été créée par trois anciens de Yale. A la fin de la Deuxième Guerre mondiale, elle comptait quarante-sept avocats, ce qui faisait déjà d'elle l'un des plus importants cabinets juridiques de Wall Street.

Parmi ses clients figuraient une banque centrale, une société de garantie d'émissions, et l'un des géants du pétrole. En 1975, la société employait cent cinquante avocats, entassés dans des petits bureaux aux murs lambrissés que desservait un dédale de couloirs sombres, au 2 de Wall Street. Les étudiants en droit l'appelaient « l'usine », mais n'en faisaient pas moins des pieds et des mains pour s'y faire embaucher. Une décennie plus tard, Botts, Barnes & Dorrance faisait travailler 435 avocats et 2 012 employés administratifs. La firme avait établi son siège social dans un gratte-ciel de la 6e Avenue et ouvert des succursales à Londres, Tokyo, Hong Kong et au Bahreïn.

L'huissier conduisit Bud jusqu'à la salle 5604. Roger Barnes, l'air suffisant derrière un bureau métallique, se leva pour accueillir son vieux copain et lui fit familièrement signe de prendre un siège.

– Fox, Buddy D. Tu n'es pas venu me taper au nom de l'amicale des anciens de Dartmouth, j'espère?...

Buddy s'esclaffa :

– Si, justement. Nous songeons à t'édifier une statue dans le métro. J'ai entendu dire que tu t'étais bien débrouillé, collaborateur principal à ton âge! Et expert en fusions et acquisitions... pas mal! Comment va Maggie?

Une note de résignation perça dans la voix de Roger.

– Faut pas se plaindre. Elle adore sa barraque d'Oyster Bay. Et toi? Le marché ne te malmène pas trop? Tu sors toujours avec cette petite Française si sexy?

Bud se pencha vers lui, avec un air de conspirateur.

– Non. Elle a posé la question qu'il ne fallait pas poser.

– C'est-à-dire?

– « A quoi penses-tu? » Elle m'a demandé à quoi je pensais!

Roger gloussa et haussa les épaules d'un air de dire « tu ne changeras jamais », tandis que Buddy continuait :

– Les horaires, c'est l'enfer, mais côté pognon, je commence à cartonner. Je connais un type qui a un flair d'enfer pour faire du fric. Aucun risque d'y perdre des plumes.

Roger se redressa dans son fauteuil, soudain tout ouïe.

– Ton type n'aurait pas par hasard un tuyau pour un avocat honnête?

– Peut-être. Vois du côté de Teldar Paper. – Roger fit un petit signe de tête. – Et toi? J'ai entendu dire que vous vous occupiez de la fusion de Fairchild Foods et que ça risquait de ne pas aboutir? Tu n'as rien de nouveau à m'apprendre, qui ne soit pas dans le *Wall Street Journal*?

Roger rejeta la tête en arrière.

– Allons, Bud. Tu ne voudrais tout de même pas que je me fasse radier de l'ordre des avocats? Mon vieux en aurait une crise cardiaque.

Buddy fit semblant de sonder les murs.

– Personne ne nous écoute. Nous ne sommes que des copains d'université parlant boutique.

Roger se raidit. Le chemin devenait difficile. Ils avançaient en terrain inconnu.

– Ne t'affole pas. Tout le monde fait ça.

L'avocat se caressa le menton. Son front se plissa.

– Si je marche dans la combine, qu'est-ce que ça me rapportera?

Bud réalisa que ce n'était pas la première fois que Roger évoquait l'idée de délit d'initié.

– Tu gagneras plus d'argent que dans tes rêves les plus fous, Roger. Et sans courir le moindre risque. Qu'est-ce que tu dirais d'une petite bière?

Ils étaient entrés dans la phase des négociations. Buddy s'efforça de rester naturel, désinvolte. Roger secoua la tête :

– Trop de choses à faire... je te raccompagne.

Les longs couloirs de la firme avaient l'aspect aseptisé de ceux d'un hôpital. Particulièrement quand s'y activaient, comme à cette heure-là, les femmes en uniformes verts de l'équipe de nettoyage. Il était clair que Roger avait toujours en tête la proposition de Buddy quand il déclara d'un ton badin :

– ... franchis le seuil du bureau de mon père, Buddy, et tous les secrets du monde te seront révélés... les mystères des sociétés... le calendrier des fusions... mais il te faudrait connaître le code d'accès de son ordinateur personnel...

Buddy s'esclaffa et répondit sur le ton de la plaisanterie :

– Et quel est le sésame de cette caverne d'Ali Baba?

– V761.

Roger et Bud se séparèrent devant les ascenseurs. Bud sortit de la tour de verre et se dirigea d'un pas tranquille vers l'aire de chargement, sur l'arrière du bâtiment. Avec une expression d'intense satisfaction, il repéra sa proie : une camionnette sur les flancs de laquelle était peint : Marsala Maintenance Company. Il nota l'adresse de la société sur son calepin et s'éloigna, une lueur triomphale dans les yeux.

Deux jours plus tard, Buddy monta dans une limousine sur la 59e Rue et prit la direction de Long Island City. Les rues pavées de ce quartier de petites fabriques et d'entrepôts étaient quasi désertes. Seuls s'y activaient de robustes camionneurs qui chargeaient sur de longues remorques toutes sortes de marchandises, bouteilles de Pepsi Cola, appareillages électriques... La limousine s'arrêta à l'angle de la 121e Rue et de Jackson Avenue, devant un entrepôt miteux au-dessus de l'entrée duquel on pouvait lire « Marsala Maintenance ». Une femme d'un certain âge, la cigarette au bec, reçut Bud dans une réception nue.

– Je voudrais voir M. Panos. Pour affaires.

Elle jeta un coup d'œil par la fenêtre à la limousine qui attendait devant l'entrée de l'entrepôt.

– Veuillez patienter un instant.

Elle parut quelques minutes plus tard et, avec un petit signe de tête et une invite de la main, introduisit Bud dans le bureau de son patron, un Grec d'âge moyen doté d'une moustache fournie et d'un faciès peu amène. Assis à sa table de travail, une grande tasse de café devant lui, il dévorait un sandwich à l'omelette. Il était resté debout toute la nuit pour surveiller ses équipes de nettoyage. Ses petits yeux rouges examinèrent Bud avec suspicion. Celui-ci lui tendit sa carte.

– Écoutez, monsieur... Fox, je suis pas du genre à boursicoter. Je n'ai aucune envie de vous acheter des actions.

– Monsieur Panos, je ne suis pas ici pour vous vendre quelque chose. Ayant fait une étude sur la multiplication des locaux commerciaux en ville, je peux vous dire que vous avez choisi le bon créneau.

M. Panos avala une gorgée de café.

– Et c'est pour m'annoncer ça que vous êtes venu me voir?

Bud se pencha vers le Grec et baissant la voix, dit d'un ton grave :

– Ce que vous faites m'intéresse... je pourrais amortir rapidement l'équipement de Marsala, et bénéficier du même coup d'un avantage fiscal. Votre affaire est en pleine expansion. Je suis venu vous proposer des fonds... et un associé...

Sans quitter Bud des yeux, Panos mordit dans son sandwich.

– Qu'est-ce qui vous fait croire que j'ai besoin d'un associé?

Bud sourit, sortit un chèque de la poche intérieure de sa veste et le tendit à Panos. Le Grec faillit s'étrangler en voyant la somme astronomique – 100 000 dollars – inscrite sur le bout de papier. Il se leva, et sans lâcher le chèque, serra la main de Bud.

– Bienvenue chez Marsala, cher associé!

Panos fut impressionné par le zèle de son nouvel associé. En effet, celui-ci se rendait plusieurs fois par semaine sur le terrain, pour surveiller lui-même les équipes de nettoyage.

Précédé par le cliquetis des clés qui s'entrechoquaient sur son grand trousseau, vêtu d'un uniforme impeccablement repassé sur la poche duquel était brodé « Marsala Maintenance », Bud émergea de l'ascenseur et prit pied chez Boots, Barnes & Dorrance. Il fit une pause pour inscrire l'heure et l'étage sur un petit calepin : 20 h 10, 56e. Le chef d'équipe de chez Marsala le présenta comme « le patron » aux femmes de ménages et aux gardiens de l'étage. Les femmes lui sourirent poliment et s'empressèrent de se remettre au travail, craignant qu'un manque de diligence ne leur coûte leur place.

L'air très professionnel, prenant des notes sur son carnet, Fox inspecta chaque bureau, jusqu'à ce qu'il arrive devant celui de l'associé majoritaire Barnes. Son passe lui ouvrit la porte magique et il pénétra dans la caverne d'Ali Baba. Il releva, sur l'agenda de bureau du père de Roger, les réunions que celui-ci avait cucs récemment avec les dirigeants de sociétés « prédatrices » ou sur lesquelles couraient des bruits d'offre publique d'achat, puis tapa le code d'accès V761 sur l'ordinateur de bureau, entra le nom desdites sociétés et rechercha le numéro d'identification de leur dossier.

Y allant d'un clin d'œil à l'adresse du gardien qui faisait le planton dans le couloir, Bud pénétra dans la salle des archives. Tout en repérant le « terrain », il adressa quelques mots à la femme de ménage :

– Vous avez fait du bon travail, Annie.

– Merci, monsieur.

Il consulta sa montre.

– Mais vous devriez vous activer un peu si vous voulez respecter votre programme...

– Oui monsieur. Bonsoir monsieur.

Les dossiers étaient soigneusement rangés dans de grandes enveloppes brunes sur des étagères métalliques. A chacun était attribué un numéro de code. Les yeux de Buddy coururent anxieusement sur le pourtour de la salle, jusqu'à ce qu'il repère un numéro correspondant à l'un des noms de clients qu'il avait entrés dans l'ordinateur, dans le bureau du patron. Il sortit le dossier et en examina le contenu. Son regard s'éclaira. Il avait trouvé la clé du royaume : un épais document sur lequel figurait la mention « à l'étude ». Il s'agissait d'un projet d'offre publique d'achat. Le nom de la société cible lui sauta aux yeux : Rorker Electronics Corporation.

Fox replaça précautionneusement le dossier et quitta Botts, Barnes & Dorrance non sans avoir chaudement félicité les employés de Marsala pour leur zèle et leur travail exemplaire.

Buddy accumula pour cinq millions de dollars de Rorker Electronics sur le compte qu'il avait ouvert pour Gekko au nom de Geneva, Roth Holding Company, dans les îles Cayman, et en fit transférer pour une valeur d'un million cinq cent mille dollars sur son compte numéroté en Suisse. Il prit soin de ne pas négliger Bill Glass qui, après l'énorme bénéfice qu'il avait réalisé avec Anacott Steel, ne demandait qu'à suivre ses conseils en matière d'investissement.

Tout en continuant à trimer dur chez Jackson & Steinhem dans la journée, Buddy s'employait à glaner des informations dans les cabinets d'avocats et les firmes de courtage la nuit. Si cette double vie l'épuisait, il savait qu'il n'avait pas le choix. Il devait consolider ses résultats récents. Et il devenait de plus en plus audacieux.

Quand Bud entra dans la salle de courtage ce vendredi matin, il fut immédiatement frappé par le silence lourd qui y régnait. Les courtiers tournaient en rond autour de leurs cabines, jetant de furtifs coups d'œil en direction du bureau vitré de Hy Lynch. Debout devant la table de travail de Lynch, se tenait, tel un accusé débitant un plaidoyer que le juge installé en face de lui connaissait par cœur, un Dan Hickey inhabituellement pâle. Bud se tourna vers Marv :

– Que se passe-t-il?

Marv pointa le menton en direction du bureau de Lynch.

– Lynch est en train de foutre Dan à la porte. Il ne respecte pas son quota.

Les supplications de Dan filtraient à travers les parois de verre :

– Hy, j'ai joué un rôle important dans l'édification de la société, c'est moi qui t'y ai fait entrer... J'ai besoin d'argent, mes enfants sont à l'université... ce n'est pas à mon âge que l'on peut espérer retrouver du travail... Ma vie est foutue... Pour l'amour du ciel, donne-moi une nouvelle chance, tu ne peux pas me refuser ça, toi mon ami de trente ans!

Lynch était inflexible.

– ... Je ne peux rien faire pour toi... j'ai mes propres problèmes, les pressions... les quotas sont les quotas... n'y vois rien de personnel... on ne me demande pas mon avis... Tu es viré, Dan. Ne rends pas les choses plus difficiles qu'elles ne le sont déjà!

En voyant Lynch secouer la tête en signe d'impuissance, Marv haussa les épaules et murmura, se parlant à lui-même :

– C'est ce qui nous pend au nez à tous. A quelques titres près, c'est la porte.

Hickey sortit du bureau de Lynch au bord des larmes, essayant cependant de préserver le peu de dignité qui lui restait. Avec la raideur d'un automate, il regagna sa cabine. Quand il passa à côté de Bud, celui-ci, lâchement, détourna les yeux.

Peu après, la voix de Lynch, portée par le micro, se fit entendre dans la salle de courtage.

– Conférence sur les actions de défense et élaboration d'un nouveau rapport sur General Motors demain à sept heures dans mon bureau. Pas besoin de RSVP, contentez-vous d'être là. Et je suis heureux d'annoncer que le nouveau record mensuel de vente de titres va à Bud Fox. Très bon travail, Bud. Pourriez-vous venir une minute, j'aimerais vous voir?

Bud se leva. Ses yeux rencontrèrent ceux du vaincu, de l'autre côté de l'allée. Dan essaya de rester impassible, mais les deux hommes étaient visiblement désemparés. Dans la salle de courtage, les jeunes vendeurs et leurs assistants, se désintéressant soudain de Dan, contemplèrent Buddy avec respect et envie. Marv lui administra une claque sur le dos.

– Félicitations, Buddy. Mais tu me rends la vie deux fois plus difficile...

Se dirigeant vers le bureau de Lynch, Buddy passa devant celui de Lou Manheim.

– Tu es en veine, gamin. Profites-en tant que ça dure!

Bud retrouva tout son aplomb pour répondre d'un ton faraud :

– Simple comme un coup de téléphone, monsieur Manheim. Quand le moral va, les clients se sentent en confiance.

Fox sut qu'il avait vraiment le vent en poupe quand il vit Chuck Cushing venir à sa rencontre dans l'allée :

– Quand viens-tu jouer au tennis à mon club? Je voudrais te présenter à quelques-uns des membres...

– Quand tu voudras, Chucky...

Lynch lui fit signe d'entrer dans un bureau, non loin du sien.

– Félicitations. Voici votre domaine, à présent... votre propre bureau... une fenêtre... et une secrétaire, Janet.

Buddy échangea une poignée de main avec Janet.
– Enchantée de vous connaître, monsieur Fox.
Buddy était quant à lui enchanté qu'on lui donne du M. Fox long comme le bras, enchanté de son nouveau bureau, enchanté de cette plaque gravée à son nom sur la table de travail.
– Merci, Janet. Heu... merci, monsieur Lynch.
Lynch prit appui sur sa canne et grimaça son sourire le plus mielleux.
– Non. C'est vous-même que vous devez remercier. A la minute où j'ai posé les yeux sur vous, j'ai su que vous iriez loin, Bud. Continuez, c'est tout ce que je vous demande.
Lynch cligna de l'œil et s'en alla. Marv passa la tête dans l'embrasure de la porte et ricana :
– Alors, c'est « môssieur Fox », maintenant?!

Du fait qu'il était à même de fournir à l'avance des renseignements sur les reprises nécessitant un financement par mezzanine *, Bill Glass représentait potentiellement un relais de première importance dans le réseau que Fox s'appliquait à mettre sur pied. Aussi Bud s'était-il récemment rapproché de son collègue. Les deux hommes se lamentaient souvent, avec une délectation morose, sur leur condition de victimes du vent de cannibalisation balayant Wall Street. Le licenciement de Hickey avait créé chez Jackson & Steinhem un climat d'insécurité tout à fait propice aux desseins de Bud, qui avait du reste déjà appâté Billy en lui faisant profiter à plusieurs reprises des informations de première main glanées auprès de Gekko ou au cours de ses virées nocturnes chez Barnes.
Ce jour-là, au cours du déjeuner, Buddy tenta l'approche directe :
– Je vais te dire... du jour où j'ai vu à quel point Jackson & Steinhem nous avait baisé la gueule, j'ai ouvert les yeux... j'ai appris à m'occuper en priorité de mes intérêts.
– Je comprends ce que tu veux dire... le changement de direction m'a spolié du fruit de onze années de dur

* Mezzanine : strate de financement d'une O.P.A., généralement constituée de titres obligataires à haut risque.

labeur et de plusieurs millions de dollars. Je n'arrive toujours pas à regarder ma femme en face et à lui expliquer pourquoi je ne leur ai pas claqué la porte au nez... à part que j'ai désespérément besoin du pognon que je me fais chez eux... on est attaché à ses chaînes, quand elles sont dorées!

Bud adopta le ton de franche camaraderie d'un coéquipier sportif à l'heure de la douche.

– La sécurité? Pour combien de temps? Regarde ce qu'ils ont fait à ce pauvre Hickey... après trente ans de bons et loyaux service! Tu sais, toi et moi, on s'est plutôt bien démerdés, sur le marché, jusqu'à présent. Mais nous pourrions faire encore plus fort, et amasser suffisamment de pognon pour tirer notre révérence à tous ces connards et ne plus rien avoir à demander à personne jusqu'à la fin de nos jours. Mais pour ça, j'aurais besoin de ton aide.

– Mon attention t'est tout acquise, cher ami.

D'une voix grave, posée, Buddy lâcha :

– Vois-tu... les gus qui m'ont rancardé veulent qu'on leur renvoie l'ascenseur... des tuyaux sûrs... comme ceux qu'ils nous ont filés.

– Mais Bud... Ce serait totalement illégal... et injuste envers les actionnaires, qui nous cèdent leurs titres sans disposer des mêmes informations. Sans compter qu'à ce petit jeu-là, nous risquerions nos places, pire... la tôle.

– Allons, mon vieux, soyons réalistes, qui sera lésé dans l'affaire? Ne trouves-tu pas ridicule qu'on prenne la peine, dans notre beau pays, de pondre des lois pour réguler le marché dit libre, alors que les rues grouillent de zonards prêts à découper en morceaux la première petite vieille venue pour quelques dollars? Jackson & Steinhem est notre prison. Il s'offre à nous une occasion unique de gagner notre liberté. Ne la laissons pas passer. Il existe une forme de justice qui transcende le droit.

Craignant de voir se tarir la source de revenus alimentée par les informations de Bud, Glass mordit à l'hameçon.

– Si tu développais un peu...

Sûr d'avoir ferré le poisson, Bud y alla franco :

– Tu me donnes occasionnellement un tuyau... relativement à l'avance... et uniquement du sûr. Je le refile à mes amis, qui achètent en conséquence, en passant par des comptes étrangers, de sorte qu'il est impossible à la SEC de détecter l'opération. Mes amis touchent le gros paquet... Le fric est versé sur un compte numéroté en Suisse... idem pour ton pourcentage... et en retour, tu reçois des conseils d'investissements en béton.

Vaincu, le regard éteint et les épaules tombantes, Billy Glass soupira :

– Je suppose qu'après onze années de travaux forcés... j'ai gagné le droit à la liberté.

Conformément aux instructions de Gekko, Buddy s'appliqua à répartir ses achats de titres entre autant de prête-noms que possible, afin de dissimuler l'importance et l'origine de ses acquisitions. Il avait déjà mis sur pied tout un réseau de petits courtiers et de relations personnelles tout disposés à lui servir de couverture – contre un pourcentage sur les bénéfices, bien entendu – auquel il espérait bientôt intégrer Dixon Bates, un mordu du ski qui avait tout plaqué pour se laisser pousser les cheveux et s'adonner à sa passion sur les pentes d'Aspen, dans le Colorado.

Ce fut un Dixon à moitié ivre qui répondit. Il parut passablement surpris d'entendre la voix de son vieux copain.

– Buddy! Comment se fait-il que tu m'appelles à une heure pareille? Il doit pas être plus de quatre plombes chez toi.

– L'argent ne dort jamais, mon pote. Je viens juste d'en terminer avec mon correspondant de Hong Kong... d'ici peu, tout le monde sera sur le pied de guerre à Londres et à Francfort... mais peu importe tout ça. Dixon, mon petit père, j'ai une proposition à te faire. Une affaire qui peut nous rapporter une montagne d'argent.

Ayant assimilé les deux mots magiques « montagne » et « argent », Dixon dressa l'oreille.

– Dixon? T'es toujours là?

– Ouais... continue...

– Dixon, mon pote! C'est le père Noël qui te parle. Je vais te faire cadeau d'un joli paquet d'actions, j'ai bien dit « cadeau », tu n'auras pas à débourser un rond.

Dixon se montra sceptique :

– Ben voyons, et la mort ne viendra jamais frapper à ma porte! S'agit-il encore d'une de tes combinaisons magiques pour gagner au loto ou vas-tu me proposer de devenir l'heureux détenteur d'une franchise de vente à domicile de produits de beauté en Alaska septentrional?

L'humour fumeux de Dixon commençait à agacer Buddy.

– Non! Non, Dixon. Mon client et moi-même cherchons à accumuler les actions d'une société. Discrètement, bien entendu. Pour cela, il nous faut répartir nos achats sur différents comptes. Mettre quelques titres à ton nom, par exemple, afin de préserver notre anonymat. Dès demain, je ferai transférer de l'argent sur ton compte. Si nous obtenons les résultats escomptés, tu n'auras pas à te plaindre, tu peux me croire. Tu n'auras jamais gagné d'argent aussi facilement. Et sans allonger un radis, je te rappelle!

– O.K., Bud, répondit un Dixon toujours hésitant. On va tenter le coup.

– Bravo, Dixon... Je vais t'ouvrir un compte chez un courtier de ton bled... Rockland & Shane. Il sera approvisionné dès aujourd'hui. Tu vas acheter 200 000 actions de Teldar Paper dans les cinq semaines à venir... au mieux... en répartissant bien tes ordres... 6 000 actions par jour. Pas plus. C'est tout pour le moment...

– Passer un coup de grelot chaque jour, mais c'est que ça fait du boulot, ça. On peut savoir ce que ça va me rapporter?

– Rien de plus simple, coco! Dix pour cent du bénéfice brut. Le jour où tu nous « revendras » tes actions, tu endosseras un chèque à l'ordre de Geneva, Roth Holding Corp., à la Cayman Islands Bank. Et la société en question te renverra ta part.

– Ça m'a l'air un peu trop facile! Aucun emmerde à craindre?

– Pas le moindre. C'est le but de la manœuvre, justement.

Dixon eut un ricanement.

– J'ai toujours dit que tu étais un garçon en or! Au moins, j'aurai les moyens de prendre une cuite digne de ce nom, ce soir. Continue à veiller à la santé de cette bonne vieille Big Apple, Buddy. Et bien le bonjour chez toi!

Le lendemain matin, aux prises avec une gueule de bois féroce, Dixon se rendit à la maison de courtage avant de se lancer à l'assaut des pentes. Les employés de Rockland & Shane considérèrent avec un scepticisme certain ce grand gaillard chevelu qui, martelant le sol de ses grosses chaussures et maintenant de justesse son équilibre sous le poids des skis et des bâtons qu'il portait sur l'épaule, déboula sans crier gare dans leurs locaux. Néanmoins, l'étrange visiteur reçut un accueil plus que chaleureux une fois qu'il eut décliné son identité, Buddy ayant déjà viré une somme rondelette sur le compte qu'il avait ouvert à son nom. Dixon ne perdit pas de temps en vaines politesses. Il apposa docilement sa signature sur les innombrables documents que lui présenta le courtier, puis passa son ordre d'achat :

– 200 000 Teldar Paper, au mieux.

Le courtier parut troublé.

– Êtes-vous certain d'en vouloir autant? C'est énorme. Vous allez faire flamber les cours du titre!

– Sûr que je suis sûr... 200 000 Teldar Paper... Allez, au plaisir. Je vais me faire quelques descentes avant que les touristes ne viennent me saccager les pistes! Faut rester cool, mec.

Le courtier fit une grimace, l'air de dire : « Au moins j'aurai fait mon devoir... Ces gamins débiles ont vraiment trop de fric! »

A la Bourse de New York, le courtier spécialiste de l'action Teldar fut pour le moins surpris de voir apparaître un ordre d'achat de cette ampleur. Il se tourna aussitôt vers le représentant de Rockland.

– Tu ferais bien de vérifier cet ordre, Freddy.

Après avoir passé un coup de fil, l'agent de change revint au guichet pour confirmer la validité du télex. Le spécialiste resta méfiant.

– Y aurait-il un rapport avec la guerre de mandats en cours chez Teldar?

– Si oui, je n'en ai pas entendu parler, Johnny.

Tenant le bordereau entre le pouce et l'index, le spécialiste s'accorda quelques instants de réflexion supplémentaires.

– Ça fait une sacrée demande pour un seul titre. Je ne peux pas te vendre 200 000 actions à découvert. Le marché manque de liquidités. Que dirais-tu d'en prendre 75 000 à trois points de plus? Je m'arrange pour te trouver la différence.

– O.K., je ne bouge pas de là...

Le spécialiste hurla à son assistant de se mettre en quête de titres Teldar sur les places financières du Middle West et de Boston. Un opérateur entra la transaction dans son ordinateur. Instantanément, s'inscrivit sur les bandes d'enregistrement des cours de bourses du monde entier le communiqué suivant : 75 000 TLD 25. Puis, quelques instants plus tard : 125 000 TLD 26.

Trois jeunes gens étaient assis devant les moniteurs du service de surveillance des valeurs de la Bourse de New York. L'ordinateur central était programmé pour relever toute transaction inhabituelle sur chacun des titres cotés en bourse. Les achats massifs de Teldar s'affichèrent en surbrillance tandis que l'ordinateur émettait un signal sonore. Immédiatement, l'un des employés opéra une saisie de données sur Teldar puis jeta un coup d'œil sur la machine de cotation. Le flot d'ordres d'achat, certes plus discrets, émanant du réseau de Bud vint confirmer ses soupçons. Le titre faisait l'objet de transactions suspectes.

Immédiatement averti, un haut responsable de la Bourse téléphona au directeur financier de Teldar pour l'informer de la situation.

– Avez-vous une idée des raisons de cette augmentation subite du volume d'échange de votre titre?

Il y eut un long silence.

– Probablement un effet de la guerre de mandats déclenchée par Gordon Gekko.

– Je vois. S'il y a du nouveau, nous vous tiendrons au courant.

La SEC fut à son tour alertée. Un enquêteur fédéral fut dépêché sans tarder au service de surveillance des valeurs. A peine arrivé, il prit un siège et s'installa devant l'un des écrans de contrôle.

– Donnez-moi toutes les informations dont vous disposez sur Teldar Paper... Et voyez si vous pouvez me dégotter quelque chose sur l'identité des acheteurs.

17

Bud comprit enfin le sens de la distinction qu'établissait Gordon entre un « vrai financier » et un « opulent forçat de Wall Street », quand il se mit en quête d'un appartement dans l'Upper East Side. Sur Park Avenue, le moindre placard à balai allait chercher dans les deux millions de dollars. Et encore devait-on débourser chaque mois la bagatelle de deux mille cinq cents billets pour les charges.

Sylvie Drimmer, l'agent immobilier de Geffen & Ehrlichman, était un petit bout de femme survolté qui donnait l'impression d'avoir avalé un taximètre. Son sourire figé n'était qu'un masque, une grimace censée occulter l'insensibilité dont devait faire preuve toute veuve exerçant sa profession pour survivre dans une ville comme New York. Avec ses fausses perles, d'une grosseur indécente, sa cape et sa pochette de fourrure, elle paraissait vraiment pitoyable en cette radieuse journée d'automne.

Sylvie Drimmer donna à Bud une idée précise du standing auquel il pouvait prétendre en le conduisant illico à un immeuble de trente étages sis à l'angle de la 84e Rue et de la 3e Avenue.

– Il s'agit d'une résidence en copropriété illimitée *.

* Les États-Unis connaissent deux régimes de copropriété, l'un semblable au système français, le second opérant en propriété restreinte, s'apparentant au système de société civile.

Ici, pas de comités à la noix pour vous donner droit de cité. Si l'appartement vous plaît, il est à vous. Enlevé c'est pesé!

Le hall d'entrée de l'immeuble rappelait, par son style fleuri, celui d'un hôtel. Ils y croisèrent principalement des jeunes gens pressés, visiblement indifférents à leur environnement. Pas un enfant en vue. Un point sur lequel Sylvie ne manqua pas de faire l'article.

– Essentiellement des célibataires et des jeunes couples... des banlieusards qui veulent un pied-à-terre en ville. Ici, pas de gamins braillards pour vous casser les oreilles...

L'agent immobilier se fit remettre une clé par l'un des deux gardiens installés entre un comptoir équipé d'un standard et trois cent soixante-seize minuscules casiers faisant office de boîtes aux lettres.

– Les gardiens sont on ne peut plus accommodants. Ils vous montent vos petits plats de chez le traiteur avant qu'ils n'aient le temps de tiédir.

L'ascenseur était tapissé de panneaux en imitation bois, invulnérables aux déprédations comme aux regards critiques. Ils débouchèrent dans un long couloir chichement éclairé, sur les murs duquel gondolait un vinyl vert. Trois jeunes femmes aux visages sévères les frôlèrent pour s'engouffrer dans l'ascenseur.

– Vous serez bien ici... une tranquillité totale. Tout le monde est très occupé, chacun reste dans son coin. Vous n'aurez même pas à faire la causette à vos voisins...

Bud pénétra à la suite de Sylvie dans l'appartement de cent mètres carrés. Un salon, un coin salle à manger, une cuisine, deux chambres et un minuscule balcon sur lequel une personne tenait à peine.

– De la loggia vous avez vue sur Central Park... là... entre ces deux immeubles.

Bud regarda autour de lui. Des murs nus. Une hauteur de plafond de trois mètres. Pas la moindre courbe ni la moindre moulure. Tout n'était qu'angles droits et lignes nettes. Très dépouillé.

Sylvie le tira de sa contemplation pour lui servir ce qui devait être le baratin classique :

– ... à les entendre, ils détestent tous l'Upper East

Side et ne rêvent que de s'installer dans le West Side. Mais croyez-moi, mon chou, quand il s'agit de revendre, on voit la différence. Dans le quartier, ça part comme des petits pains chauds. Et puis entre nous, je n'ai jamais compris ce que l'on pouvait trouver au West Side.

Sa voix se fit méprisante :

– Madonna et Sean?... Sylvester, Julie Christie... Billy Preston... J'ai fait visiter tous les appartements du secteur. Tout le gratin vit ici... Mick Jagger, Barbara Stressante. Même Klaus von Bulow achète ses primeurs chez le Coréen de Madison Avenue. C'est le coup de bambou et la qualité est rigoureusement la même que dans les boutiques de la 8e Avenue, mais on fait les choses avec style ou on ne les fait pas. Et le style se paie cher. Je peux vous obtenir un prêt à 10 %, si ça vous intéresse. J'ai deux autres clients sur le coup, l'un vient visiter à quatre heures, l'autre à cinq. La première est du genre à payer comptant... une certaine Monique machin-chose... Je vous garantis que ce quartier va devenir historique.

Buddy n'avait toujours pas pipé mot. Perdu dans ses pensées, il se tenait sur le balcon, dominant la ville, Queens derrière lui et Manhattan... à ses pieds. La femme claqua des doigts pour le rappeler à la réalité.

– Voyons, mon chou, le compteur tourne. Hé-ho, il y a quelqu'un?

Bud ne tourna même pas la tête.

– O.K. Je vous en offre 950 000... comptant.

Bien qu'affectant le genre imperturbabilité à toute épreuve, Sylvie Drimmer ne put s'empêcher de laisser transparaître une certaine surprise.

– Eh bien, je crois que nous allons pouvoir faire affaire, mon chou. Vous êtes sûr que vous ne voulez pas voir un petit bijou que j'ai sur Sutton Place? C'est un peu plus cher, autour d'un million et demi, mais...

– Non... Cette fois-ci, j'ai trouvé mon port d'attache.

Son regard survola une dernière fois la ville, puis il rentra dans l'appartement. Son appartement. Fier et heureux de son acquisition.

Bud passa deux appels d'une cabine téléphonique de la 84e Rue. Le premier à Darien, l'autre à Gordon.

Darien et lui s'étaient fréquemment revus depuis le fameux week-end à Easthampton. Ils formaient une combinaison idéale. Darien savait ce qu'il attendait d'elle. De son côté, il n'était guère plus âgé qu'elle, n'avait pas de fil à la patte, et ses revenus lui permettaient d'offrir à la jeune femme le genre de fantaisies pour lesquelles elle devait habituellement dépendre d'hommes plus mûrs ou encombrés d'une épouse : des toilettes de chez Ferragamo ou Ralph Lauren, des bijoux de chez Bulgari, des dîners au *Café Society*, chez *Mercellos* ou au *Bernadin*; des spectacles tels que *Chorus Line* ou *Les Misérables*... Une combinaison parfaite.

– Salut, Darien. Ça y est. Je viens d'acheter un appart' dans l'East Side... Il n'attend plus que d'être décoré...

– Super! Où ça?

– Sur la 84e Rue et la Troisième Avenue. Un vingt-sixième étage. Avec vue sur Central Park et sur tout Manhattan.

– Quel style as-tu en tête, pour la décoration?

– Je ne sais pas... quelque chose de nouveau. Une fantaisie à la Darien...

– Oh Bud, je meurs d'impatience. Un endroit à nous...

Après avoir raccroché, il attendit le retour de la tonalité et composa le numéro de Gekko. Sa conversation avec l'homme d'affaires fut brève et fructueuse.

– Gordon... Je viens d'acheter un appart' dans l'East Side. 950 000 billets. Cash.

– Magnifique, Buddy. Alors, qu'est-ce qui te tracasse, gamin?

– J'aimerais dîner avec votre bras droit, Alex... dès que possible.

– Ce soir, chez *Bellini*, à huit heures. Alex mourait justement d'envie de te montrer son nouvel attaché-case de chez Gucci. Un marron superbe. En cuir, évidemment.

– Merci, Gordon. Je n'y serais jamais arrivé sans vous.

– Mais non, petit. Tu l'as bien mérité.

Bud rentra chez lui en taxi. Une fois dans son studio, il travailla un moment, puis se prépara pour le dîner. Devant son placard, il passa en revue tout un bataillon de mallettes et sélectionna un attaché-case Gucci. Un marron superbe. En cuir, évidemment. Au moment de refermer la porte de son studio, Bud jeta un œil derrière lui, tel un prince contemplant l'enveloppe animale dont l'aurait délivré un coup de baguette magique.

Harry Cipriani présidait aux destinées du *Bellini* de la même façon qu'il l'avait, des décennies durant, fait de celles du *Harry's American Bar*, l'une des plus prestigieuses institutions culinaires vénitiennes. Le rire des dîneurs, leur comportement, indiquaient clairement qu'ils étaient là pour s'amuser, se détendre. Le *Bellini* attirait une clientèle visiblement huppée, à la fois sportive et élégante, un rien exubérante, le Tout-New York qui avait su s'affranchir des côtés bourgeois coincés des habitués du Club 21.

La chère y était exquise : carpaccio, raviolis verts, pâtes aux truffes... et le spectacle fascinant. Il paraissait incroyable qu'un endroit pût rassembler chaque soir autant de jolies femmes.

Buddy fut escorté jusqu'à la table où l'attendait Alex. Les deux hommes étaient venus à leur rendez-vous avec des attaché-cases Gucci rigoureusement identique. Chacun plaça le sien sous la table garnie d'une longue nappe blanche. Après un dîner rapide, ils se levèrent, chacun récupérant la mallette de l'autre. Poursuivant leur conversation d'un ton décontracté, ils sortirent tranquillement du restaurant. Buddy avait au bout de la main 950 000 dollars en liquide. Le prix de son appartement.

18

Un étrange convoi d'analystes boursiers, d'éditorialistes financiers, de banquiers, de juristes et d'investisseurs institutionnels progressait dans l'onduleuse campagne de la Nouvelle-Angleterre. Les membres de la presse râlaient à qui mieux mieux alors que le car de ramassage scolaire qui les menait à Teldar, New Hampshire, brimbalait allégrement le long de la 202 entre les inévitables murs de pierres sèches.

Un reporter de *Money Magazine* bâilla à s'en décrocher la mâchoire :

– Pourquoi diable Cromwell est-il allé convoquer son assemblée d'actionnaires dans ce bled paumé?

Le rédacteur financier du *Boston Globe* s'esclaffa :

– Depuis 1924, l'Assemblée annuelle de Teldar s'est toujours tenue dans le fief familial. Pourquoi rompre avec la tradition?

– Regarde autour de toi, tu comprendras pourquoi. Avant, personne n'en avait rien à cirer. Mais maintenant que la communauté financière tout entière est partie prenante dans cette guerre de mandats pour la prise de contrôle de sa société, Cromwell aurait pu avoir la décence d'organiser le vote à Manhattan.

Le reporter de *Barrons* ricana :

– Cromwell est mort... les monuments funéraires s'érigent généralement à proximité du manoir familial!

Gekko contrôle 35 % de sa société... les gendarmes * sont toujours à la recherche d'un profit immédiat. Ce vote ne sera qu'une formalité.

Le correspondant de l'*Associated Press* marqua son désaccord :

– N'enterre pas Cromwell trop vite. Je te rappelle qu'il a fait appel à Carter, qui a mené une campagne électorale des plus agressives. Il a bigophoné chaque actionnaire plusieurs fois, histoire de lui exposer le point de vue de la société. Une politique qui peut s'avérer efficace, surtout auprès des investisseurs. Et la direction possède 3 % du capital et en contrôle 22 % par le biais de la caisse de retraite de la boîte...

Un journaliste plus cynique, du *Business Week* celui-là, vint interrompre cette tirade.

– Burt... tu en connais beaucoup, toi, des investisseurs à long terme, dans le milieu? Nous sommes dans un marché volatile. Un dollar vite gagné aujourd'hui vaut mieux qu'une montagne de billets verts demain. Et quelles garanties as-tu que Teldar atteindra le seuil de rentabilité escompté?

– Je dis simplement qu'il ne faut pas vendre la peau du vieil ours avant de l'avoir tué, répliqua Burt.

Tandis que la procession traversait Teldar, les divisions sociologiques de la bourgade se dessinèrent clairement. Sur les hauteurs, dans de grandes demeures blanches entourées de vastes étendues de pelouse amoureusement entretenues, vivaient les directeurs et les cadres supérieurs. Les cadres moyens, les techniciens et les contremaîtres habitaient de plus modestes résidences, bâties à flanc de colline et desservies par de coquettes allées bordées d'arbres tandis qu'ouvriers, bûcherons, employés de bureau et camionneurs s'entassaient dans les lotissements de la basse ville.

Nombreux étaient les employés qui possédaient, dans la campagne environnante, une fermette dont ils avaient confié l'exploitation à des parents proches. Aussi bénéficiaient-ils, à l'époque des semailles et des moissons, d'horaires spéciaux, afin de pouvoir labourer leurs champs et faire leurs récoltes. L'entreprise accor-

* Autre appellation familière des investisseurs institutionnels.

dait également à son personnel quelques jours de congé durant la saison de la pêche et de la chasse, les habitants du cru préférant courir les bois que les lieux de perdition des toutes proches agglomérations de Boston ou de Nashua.

A la descente du jet, Gordon, Bud, Darien et Harold grimpèrent dans la Rolls Royce de G.G., qui piqua vers le nord pour les mener de l'aérodrome de Nashua à Teldar. Trouver le chemin de l'usine s'avéra aisé. A mesure que l'on se rapprochait du site, les cours d'eau s'assombrissaient sous l'effet de la lignine qui y était quotidiennement déversée. Les hautes cheminées de l'usine crachaient dans le ciel des panaches de fumée sulfureuse, qui s'apercevaient à des lieues à la ronde. Aussi impressionnant qu'il pût paraître, le taux de pollution avait nettement diminué depuis deux ans, grâce à l'installation d'épurateurs, un investissement de plusieurs millions de dollars rendu inévitable par le décret fédéral sur la qualité de l'air.

Bud colla le nez contre la vitre de la voiture, impatient de voir sa première papeterie, pour ne pas dire son premier grand site industriel.

– Voilà donc l'enjeu de cette foire d'empoigne, hein, Gordon? Ben mon vieux!

L'usine de papeterie dépassait tout ce que l'imagination pouvait concevoir. Rien n'y était à l'échelle humaine. D'un seul coup de dents, de monstrueuses grues emportaient dans les airs des fardiers ou des remorques chargés à ras bord de troncs d'arbres.

Darien en resta bouche bée.

– Incroyable... simple comme cueillir un paquet de bonbons dans un distributeur automatique!

Les troncs étaient lâchés dans des vibrateurs géants, qui les débarrassaient de leurs impuretés. Des convoyeurs d'acier les acheminaient ensuite vers des scies circulaires qui, dans un sifflement déchirant, les débitaient en rondins de quatre mètres de long. Les convoyeurs poursuivaient leur marche inexorable vers les machines à écorcer, puis vers les meules qui défibraient mécaniquement les rondins. Les copeaux, les morceaux d'écorce, et autres déchets étaient broyés par d'énormes pilons avant d'être transformés en matériaux de conditionnement.

Des hommes corpulents, coiffés de casques et équipés de serre-tête pour se protéger les tympans du vacarme environnant, dirigeaient chaque opération à partir d'ordinateurs, actionnant des machines de plusieurs tonnes et leurs charges par de subtils effleurements de commandes ultrasensibles.

Des hommes et des femmes vêtus de bleus de travail ou de salopettes étaient massés devant les grilles de l'usine. Tous lorgnaient les hommes cravatés passant devant eux, qui les dévisageaient à leur tour. On aurait eu du mal à dire qui étaient les bêtes curieuses. Des enfants jetèrent des pierres sur le convoi. L'un des projectiles atteignit la Rolls de G.G.

– Les sauvages! glapit Bud.

Gekko paraissait plus sombre que Bud ne l'avait jamais vu.

– La ferme, Fox!

La colère des ouvriers n'aurait cependant pu ébranler sa détermination. Il était philosophiquement convaincu de la nécessité de démanteler les entreprises non rentables.

– L'appât du gain est une chose saine... c'est le moteur du capitalisme, marmonna-t-il pour se réconforter.

Teldar connut ce jour-là son premier embouteillage. Limousines, camionnettes et cars engorgèrent la rue principale le temps de décharger leurs passagers devant l'hôtel début de siècle à la façade rouge vif rehaussée de moulures blanches. Un porche étroit, abritant une congrégation de fauteuils à bascule, était précairement accrochée à l'édifice de bois.

Les nouveaux arrivants envahirent le hall d'entrée aux murs jaune pâle où s'entassait un bric-à-brac d'antiquités américaines. Ralph Sykes, un jeune spécialiste des fusions et acquisitions d'entreprises chez Anderson & Rothwell, s'adressa au réceptionniste :

– A combien consentiriez-vous à me laisser cet homme debout? Il serait du meilleur effet dans ma maison de campagne de Redding. – Puis, se penchant par-dessus le comptoir : – Une ancienne grange de Nouvelle-Angleterre que nous avons fait transporter là-bas puis complètement transformer...

Une fois remis de son ahurissement, le réceptionniste parvint à ânonner :

– Il appartient à ma mère... elle ne voudra jamais s'en séparer.

Le domaine dans lequel œuvrait Sykes lui avait enseigné, à défaut d'autre chose, les vertus de la persévérence.

– Allons, allons, tout a un prix. Donnez-moi le vôtre et voyons s'il me convient.

– Mais, monsieur, cette pièce n'est pas à vendre. C'est un souvenir de famille.

– O.K. Mais réfléchissez. Je vous en propose vingt-cinq mille billets. Je serai à l'assemblée générale toute la journée.

Jamais l'*American Hotel*, qui avait pourtant accueilli plusieurs congrès du Kawanis Club *, et avait même été le théâtre d'un débat entre « présidentiables » lors des primaires du New Hampshire, n'avait reçu d'hôtes aussi exigeants et agressants. Les nouveaux venus semblaient persuadés que tout homme et toute chose pouvait s'acheter... à condition qu'on y mette le prix.

Près de quatre cents personnes prirent place sur des chaises pliantes dans la salle de bal de l'hôtel. Dans l'allée centrale, postées à huit mètres d'intervalles les unes des autres, se tenaient six jeunes femmes chargées de faciliter, grâce aux micros sans fil dont elles étaient équipées, les interventions des actionnaires.

Une auto-ségrégation de fait avait prévalu dans la répartition des places. Journalistes, photographes et équipes de télévision s'étaient adjugé les premiers rangs de la travée de droite.

Derrière la presse, quelque soixante-quinze costumes et tailleurs gris-bleu étaient soudés les uns aux autres, tels des éclats métalliques sur un électro-aimant. Quoique très inférieurs en nombre aux actionnaires individuels, ces jeunes professionnels, mandataires d'investisseurs institutionnels, arbitragistes, spéculateurs ou gérants de portefeuilles, tenaient entre leurs mains le destin de Teldar, en vertu des voix qu'ils représentaient.

De l'autre côté de l'allée se trouvait toute une

* Société œuvrant pour la promotion des codes déontologiques dans les professions libérales.

brochette d'experts-comptables, d'hommes de lois, de banquiers et de chasseurs de mandats, représentants de factions opposées dans le combat à mort pour le contrôle des sociétés commerciales. Ce qui ne les empêchait pas d'échanger en toute fraternité bons mots et joyeux commérages.

Les employés de Teldar présents à l'assemblée s'étaient quant à eux massés au fond de la salle. D'âge moyen pour la plupart, ils arboraient des tenues simples, voire rudimentaires, allant du tricot de peau à la veste à gros carreaux. On distinguait parmi eux bon nombre de retraités, venus pour certains de loin afin d'apporter leur soutien à la firme en cette heure de grand péril et jeter dans la balance le poids dérisoire des quelques actions qu'ils possédaient. Tous étaient silencieux, visiblement anxieux de connaître le sort de leur ville et mortifiés de voir leur avenir décidé par une poignée de jeunes mercenaires.

Cornelius Cromwell, un digne patricien sexagénaire dont les ancêtres avaient fondé Teldar, s'adressa aux actionnaires du haut de l'estrade sur laquelle il trônait, entouré de trente-trois dirigeants du groupe dont les titres étaient inscrits sur d'énormes cartons disposés devant eux : Vice-Président – Département financier; Vice-Président – Relations Publiques; Vice-Président – Gestion des opérations... Étaient aussi présents sur le podium les présidents de divers établissements tels que les Fonderies Duluth, la Compagnie Royale du caoutchouc et la Banque Teldar. Un professeur de chimie, enseignant à l'université de Northfield, complétait le tableau.

Cromwell ouvrit la séance en présentant un bilan du dernier exercice. Un jeune stratège de United Arbitrage posa la question qui était sur toutes les lèvres :

– Monsieur Cromwell, pourriez-vous nous expliquer plus précisément pourquoi Teldar a enregistré cette année un déficit de 110 millions de dollars?

– Un état de fait regrettable, dû partiellement à l'effondrement des prix du bois de charpente suite à la crise du bâtiment. Parallèlement à cela, nous avons fait les frais d'une politique d'exportation très agressive de la part des fabricants canadiens de pâte à papier. Enfin, nous avons dû souscrire de très lourds emprunts pour installer des systèmes antipollution conformes aux normes définies par le gouvernement. Mais, pour continuer sur une note plus optimiste, durant les deux premiers mois de l'exercice actuel, les cours du bois se sont raffermis... et l'exploitation de nos scieries a refranchi le seuil de rentabilité.

M. Cromwell observa une pause pour réfléchir à la meilleure façon d'exprimer la complexité de la conjoncture :

– Comme vous le savez, la région connaît un développement rapide dans le secteur des industries de pointe. Sans doute n'est-ce pas étranger à sa situation géographique, nous sommes en effet dans le prolongement direct de la route 128, l'une des principales voies de communication du Massachusetts. Une évolution certes bénéfique, mais qui ne présente pas que des avantages pour notre société. Certains fermiers ont refusé de renouveler nos baux, nous privant ainsi d'importantes zones d'abattage, ou se sont mis à nous en demander des prix exorbitants. Dans les faits, nous sommes entrés en concurrence avec les promoteurs immobiliers et les spéculateurs fonciers. Ce qui a largement affecté nos résultats... En contrepartie, nos domaines forestiers du New Hampshire ont pris une valeur considérable... Ceci dit au cas où nous envisagerions de les vendre...

Gekko s'agita sur son siège. Telle était précisément son intention. Il avait prévu de liquider la compagnie d'assurances, de réaliser les domaines forestiers et enfin, une fois réduits les frais d'exploitation, de vendre les scieries à une grosse société canadienne.

Un actionnaire se leva pour prendre la parole.

– La stratégie de diversification de Teldar a été un désastre complet. Qu'est-il arrivé à notre groupe d'assurances, Harkum Casualty?

Ce fut d'un ton affligé que Cromwell répondit à cette question.

– Nous avons acquis Harkum il y a de cela trois ans. Nos conseillers financiers nous avaient à l'époque recommandé de contrebalancer notre situation de stricte dépendance vis-à-vis des aléas de l'industrie forestière en nous implantant dans le secteur des services. Malheureusement, la conjoncture ne nous a pas été favorable. Nous avons dû, pour faire face à la concurrence, consentir des polices dont les primes ne pouvaient en aucun cas nous permettre de faire face à des sinistres majeurs. Le cyclone Evelyn a anéanti à lui seul la totalité de nos fonds de réserve et nous a obligés à débourser soixante-quinze millions de dollars supplémentaires. Nous avons depuis lors appris à nous montrer plus prudents dans l'émission de nos polices et nous sommes entrés en pourparlers avec d'autres sociétés, afin de désengager Teldar du domaine des assurances.

M. Cromwell suggéra à l'assistance de réserver ses questions sur l'exercice passé de Teldar jusqu'à ce que les trois résolutions inscrites à l'ordre du jour aient été votées et de s'en tenir d'ici là à des interventions en relation avec ces mêmes résolutions. Une fois qu'on eut procédé au premier scrutin, devant décider de la reconduction du cabinet d'audit, Cromwell aborda la question des indemnités de départ du personnel dirigeant.

– ... Si Teldar devait être vendu... ou que se produise au sein de son conseil d'administration un bouleversement majeur, et que l'un de nos directeurs soit par là obligé de donner sa démission, ce même directeur se verrait attribuer une indemnité correspondant à trois années de salaire.

L'un des retraités installés au fond de la salle se leva et prit un micro.

– Oui, Todd?

– Monsieur Cromwell... j'ai travaillé pour votre père. Mon fils travaille à présent pour vous. C'est notre existence même qui sera menacée si Gekko s'empare de Teldar. Pourquoi les dirigeants devraient-ils avoir davantage de garanties que le petit personnel... ou plutôt que la totalité des habitants de Teldar? Vous et les vôtres avez au moins vos actions... vous êtes loin d'être démunis. Alors que, pour nous, notre travail est notre seule source de revenus.

L'assistance acclama bruyamment Todd Dunst. Cromwell rougit jusqu'à la racine des cheveux.

– Todd, je comprends votre point de vue et partage votre inquiétude sur l'avenir de notre ville. Néanmoins, la situation nous impose de protéger en priorité les représentants de la direction... Afin de les encourager à combattre M. Gekko et ses pareils sans qu'ils aient à craindre de perdre leur place.

L'assistance fut appelée à voter sur la question des compensations. Une fois les bulletins remis aux scrutateurs, on passa à la troisième résolution : l'élection du conseil d'administration.

S'opposant à la direction de Teldar, qui souhaitait voir reconduits les actuels administrateurs, Gekko proposait une toute nouvelle liste de candidats. Du fait que des décisions aussi importantes que la vente d'actifs ou le maintien dans ses fonctions du personnel dirigeant étaient du ressort du seul conseil d'administration, c'était l'avenir, sinon l'existence même de Teldar qui allait se jouer sur ce vote. Cromwell prit la parole. Il avait préparé sur le sujet un discours qu'il délivra avec son assurance coutumière.

– Votre société, mesdames, messieurs, est en état de siège. Investie par Gordon Gekko. A l'exemple d'une nation sud-américaine en plein marasme, les Papeteries Teldar sont pressurées jusqu'à la garde. Tout ce que cet homme veut, c'est nous obliger à payer le prix fort pour écarter la menace qu'il fait peser sur notre société. Un chantage au billet vert qui nous coûtera la bagatelle de 100 millions de dollars, somme que nous devrons répercuter sur nos prix... Ce qui aura pour conséquence de déséquilibrer davantage notre budget. Comment sommes-nous censés...

Gekko bondit sur ses pieds, furibond.

– De quel droit vous permettez-vous de parler de moi en ces termes? De vous livrer à des remarques insultantes devant la presse? Ce sont là des procédés indignes. J'exige un droit de réponse.

Cromwell abattit son marteau.

– Veuillez vous rasseoir, monsieur Gekko. Votre conduite est inqualifiable. Comment osez-vous... après tout le mal que vous avez fait à Teldar? N'avez-vous donc aucune pudeur?

En dépit des exhortations d'Harold Solomon, Gekko ne voulut pas baisser pavillon. Trois retraités de Teldar se levèrent pour l'invectiver.

– La ferme... assis, Gekko...

Cromwell dut y aller d'un nouveau coup de marteau.

– Mesdames, messieurs, un peu d'ordre, je vous en prie.

Il reprit son allocution à l'endroit précis où il en était resté quand le raider l'avait interrompu. Se sentant acculé, le patron de Teldar était déterminé à se battre bec et ongles.

– ... concentrer nos efforts sur une croissance à long terme et lutter contre le Japon quand il nous faut combattre la philosophie du profit rapide, la mentalité d'opérateur de machines à sous qui prévaut aujourd'hui à Wall Street?... Originellement, la vocation de Wall Street était de capitaliser le marché américain, d'accroître le volume des affaires, de bâtir des entreprises, de participer à la construction de ce pays. Les O.P.A. et les « coups de bourse » ont désormais pris la place des biens et des services dans le produit national brut américain, sapant du même coup les bases de notre économie. Ce cancer qui nous ronge à pour nom « cupidité ».

Le regard de Cromwell s'immobilisa sur Gekko.

– La cupidité et la spéculation ont sonné le glas des investissements à long terme. Les entreprises de ce pays sont à l'heure actuelle systématiquement mises à sac, démembrées et vendues à l'encan, sans la moindre considération pour l'intérêt public.

Cromwell en arriva à la conclusion de son plaidoyer.

– Si vous ne voulez pas que tel soit le sort de notre société, voir Teldar dépecé et ses actionnaires dépouillés, je vous engage instamment à rejeter la liste dissidente que M. Gekko cherche à nous imposer. La reconduction du Conseil d'Administration actuel nous permettra au contraire de procéder à une restructuration salutaire, et ce dans le respect des valeurs indéfectibles inhérentes à notre vocation d'exploitants forestiers. Merci de votre attention.

Gekko se leva. Il avait à présent retrouvé tout son calme. Il gagna lentement l'allée centrale pour prendre le micro qu'on lui tendait et, les yeux fixés sur la direction de Teldar, s'avança vers le podium.

– Je vous sais gré, monsieur Cromwell, de permettre au premier actionnaire de Teldar d'exposer son point de vue.

Il laissa s'apaiser les rires que son sarcasme avait provoqués et reprit :

– En venant ici, aujourd'hui, j'ai aperçu, à l'arrière d'une voiture, un autocollant sur lequel on pouvait lire : « On passe sa vie à bouffer de la vache enragée pour finir par manger les pissenlits par la racine. »

Des rires fusèrent çà et là dans l'assistance.

– Eh bien, mesdames et messieurs, nous ne sommes pas ici pour nous raconter des histoires mais pour affronter une réalité économique et politique préoccupante. Les États-Unis sont devenus une puissance de deuxième ordre. Le déficit de notre commerce extérieur a atteint des proportions cauchemardesques. A l'époque du « marché libre », quand notre pays était encore une puissance industrielle digne de ce nom, obligation était faite aux « décideurs » de rendre compte de leurs actes devant les actionnaires. Les Carnegie, les Mellon, tous ceux qui bâtirent cet empire industriel avaient fait en sorte qu'il en soit ainsi, parce que c'était aussi de leur argent dont il était question.

Nombre de retraités hochèrent la tête en signe d'assentiment, comme s'ils venaient de se remémorer une autre époque dans l'histoire de Teldar.

– Aujourd'hui, la direction de Teldar n'a pas ou que peu d'intérêts dans la société. A eux tous, les gugusses perchés sur cette estrade détiennent moins de 3 % du capital de la firme. Et croyez-vous que M. Cromwell irait investir son million de dollars de salaire annuel dans Teldar? Certainement pas. Il ne possède même pas 1 % de la société qu'il gère. C'est vous, mesdames et messieurs les actionnaires, qui vous faites royalement posséder par toute cette clique de bureaucrates avec leurs déjeuners d'affaires, leurs parties de golf et aujourd'hui leurs indemnités de départ. Teldar compte exactement trente-trois vice-présidents, chacun émargeant au budget de la société pour la modique somme de deux cent mille dollars par an. J'ai passé deux mois à essayer de comprendre ce que ces gaillards fichaient et j'avoue être toujours dans le brouillard.

Dans l'assistance beaucoup, y compris des employés de la firme, pouffèrent d'un air entendu. Cromwell perdit illico toute sa retenue de puritain yankee.

– C'est de la diffamation, Gekko! Du délire...

Mais Gekko ne releva pas. Il tenait son auditoire. Il continua sur sa lancée, tandis que Cromwell s'affaissait sur son siège d'un air déconfit.

– ... ce que je sais, en revanche, c'est que Teldar a perdu 110 millions de dollars l'année dernière. Et je serais prêt à parier que la moitié de cet argent s'en est allée en paperasse alors que circulaires et mémorandums faisaient la navette entre tous ces vice-présidents.

Il y eut une nouvelle cascade de rires.

– C'est à croire que « la survie du moins apte » est la nouvelle loi de l'évolution en vigueur dans l'entreprise américaine. Eh bien, au risque de passer pour un être peu évolué, justement, je n'hésite pas à dire qu'il faut soit savoir s'adapter, soit disparaître. Teldar est condamné. Sa tentative de diversification a lamentablement échoué. Ses dernières cartouches sont ses arbres. Le reste n'est plus que cendres.

Gekko se laissa un instant tenter par le rôle de chantre de l'écologie :

– A travers vents et marées, guerres et marasmes, crises inflationnistes et dépréciations du papier-monnaie, les forêts ont toujours gardé leur valeur. Mais Teldar est en train de les saccager. Les arbres ne sont pas éternels. Le respect de leurs droits est aussi important pour l'avenir de notre planète que le respect des droits de l'homme.

Puis, se décidant enfin à porter l'estocade :

– Toutes les lignes Maginot, tactiques de la terre brûlée *, guerres de mandats et autres batteries anti-O.P.A. que M. Cromwell pourra sortir de sa manche pour empêcher des gens comme moi de racheter Teldar seront sans effet. Car, comme vous le savez pertinemment, mesdames et messieurs, le seul moyen de maintenir une entreprise à flot est de créer des richesses. C'est pour cette raison que vous acquérez des titres. Pour qu'ils prennent de la valeur. S'il existe des actionnaires obéissant à d'autres motivations, j'at-

* Stratégie de défense consistant, pour une proie de raider, à vendre une grande partie de ses actifs afin de rendre sa reprise moins intéressante.

tends qu'on me les présente. N'oubliez pas que c'est à vous que Teldar appartient, pas à eux. Vous leur avez confié vos intérêts, et ils n'ont pas su les préserver.

Gekko tourna le dos à l'assistance et pointa un index accusateur vers l'estrade :

– Alors, débarrassez-vous de ces clowns et débarrassez-vous-en vite, avant qu'il ne vous reste plus que vos yeux pour pleurer. Il se peut que je ne sois qu'un opportuniste, mais si ces charlots n'étaient pas des incapables, s'ils s'étaient mieux acquittés de leur tâche, je ne serais pas là aujourd'hui. Les sept dernières O.P.A. auxquelles j'ai participé ont permis à 2,3 millions d'actionnaires de se partager un bénéfice de 12 milliards de dollars. Lorsque j'ai racheté Ixtian Corporation, le groupe se trouvait exactement dans la même situation que Teldar aujourd'hui. J'ai laissé trois de ses sociétés devenir indépendantes sous la responsabilité de leur équipe dirigeante, et j'ai vendu les quatre autres à des groupes industriels où l'on s'y entendait en matière de gestion. Libérée de la tutelle asphyxiante du consortium, chacune de ces sociétés a pu prospérer. Non, mesdames et messieurs, je ne suis pas un casseur mais un libérateur de sociétés.

Gekko se sentit tout à fait sincère en exprimant ce credo libéral :

– La vérité est que la recherche du profit est une bonne chose. C'est une motivation saine, légitime, le moteur qui fait tourner le monde, l'impulsion qui a accompagné l'irrésistible marche en avant de l'humanité et qui, retenez bien ces paroles, sauvera non seulement Teldar, mais cette autre société si mal en point qui a pour nom États-Unis d'Amérique. Je vous remercie.

Les tailleurs et les complets vestons se levèrent comme un seul homme pour acclamer l'orateur. Subjugués par l'éloquence de Gekko et momentanément oublieux de leurs propres intérêts, quelques personnes du cru se joignirent spontanément à eux, mais les regards glaciaux de leurs voisins les rappelèrent vite à la réalité. Présentant le visage d'un homme anéanti, Cromwell fit machinalement tonner son marteau pour rétablir l'ordre.

Une fois les scrutins dépouillés, le secrétaire de

séance annonça les résultats du vote dont avaient fait l'objet les trois résolutions présentées à l'Assemblée.

Sur 89 % de votants présents ou représentés.

1. Reconduction du cabinet d'audit : pour : 96 %, contre : 1 %, abstentions : 3 %.

2. Indemnités de départ du personnel dirigeant – pour : 32 %, contre : 60 %, abstentions : 8 %.

3. Élection du Conseil d'Administration : Liste sortante : 46 %, Liste Gekko : 52 %, abstentions : 2 %.

Aussitôt, Darien et Bud étreignirent Gekko tandis que d'innombrables mains se tendaient pour le féliciter. Ceux de Teldar quittèrent la salle à la queue leu leu, sans un mot, en état de choc, incapables de croire que « Mère Teldar », comme certains l'appelaient, se soit vu lancer un tel défi et moins encore qu'elle ait pu essuyer une telle défaite, après plus d'un siècle de règne sans partage sur la ville. La plupart avaient encore du mal à réaliser que c'était leur existence même que l'on venait de brader à la criée.

19

Darien n'épargna aucun effort pour que l'appartement de Buddy devienne la projection matérielle du style de vie dont elle avait toujours rêvé. Puis elle y installa ses quartiers d'hiver.

Sous son égide, le « miteux mouchoir de poche » de l'East Side s'était transformé en un somptueux décor, évocateur de la Rome antique. Dans le vestibule dallé de marbre, les visiteurs étaient accueillis par des centaures et des guerriers armés de lance qui prenaient la pose sur les murs. Deux colonnes jumelles annonçaient l'entrée du salon, lequel était à présent séparé de la salle à manger par une cloison amovible. Moulures et armilles donnaient à l'ensemble volume et préciosité.

Une pléiade de jeunes artistes, que Darien avait connus à SoHo, avaient été associés à la réalisation de la fresque néo-classique qui courait sur toute la longueur d'un des murs du salon. Adossé au mur opposé, un énorme buffet faisait office de bar. Un sofa massif, délibérément informe dans sa lâche housse de lin écru, monopolisait le centre de la pièce. Plusieurs urnes étrusques, montées en lampes, et une table basse qui semblait avoir été récupérée sous les cendres de Pompéi, complétaient le mobilier. Sur le parquet du salon avait été jetée une sorte d'immense serpillière dont les délicats motifs antiques avaient été peints à la main.

Dans la cuisine ultramoderne, l'électroménager compact était roi. Tout ce qui régissait la vie domestique de Buddy relevait de la plus haute sophistication : téléphones, luminaires, four à micro-ondes, robot-vinaigrette, broyeur à ordures, stéréo... Au point que le garçon devait consulter un mode d'emploi ne fût-ce que pour se passer un disque de Duran Duran.

La chambre abritait un lit bas et trapu, au pied duquel trônait un coffre de pierre romain. Deux colonnes ioniennes décapitées soutenaient un pondéreux plateau de verre, le tout tenant lieu de coiffeuse. Coupes de cristal de Venise et vases Renaissance exhibaient leurs fragiles contours dans une vitrine à laquelle faisait pendant, de l'autre côté de la fenêtre, une colossale urne en terre cuite.

Bien que Bud jugeât l'appartement depuis longtemps terminé, aucun espoir de voir les travaux s'achever ne se profilait à l'horizon. Les factures qui s'accumulaient commençaient à l'inquiéter, de même que l'indisposait le peu de cas qui était fait, chez lui, de ses goûts et de son intimité.

Darien était allongée sur le lit, en petite tenue. Ils venaient de faire l'amour. Buddy profita de l'occasion pour présenter ses doléances.

– Figure-toi que le garçon d'ascenseur n'en a pas cru ses oreilles quand je lui ai appris qu'il m'en avait coûté 300 000 dollars pour que mes murs aient cet aspect... Il profite du même genre de décor à Brooklyn pour pas un rond...

Darien se cabra.

– Je suppose que ce monsieur a aussi des idées sur la Bourse? Cet appartement est une création originale, largement en avance sur son temps! J'ai inventé un style et lui ai donné un nom, le « style vestige ». Ils en ont déjà entendu parler, à *Maisons et Jardins*. Ils vont même venir prendre des photos, la semaine prochaine, avant qu'il n'ait l'air trop... habité. Ce sera le fleuron de mon press-book.

Ce qui devait originellement être une « fantaisie à la Darien », un chez-soi habitable, était devenu un style, « le style vestige », à seule fin de permettre aux lecteurs des magazines branchés de lancer un nouveau terme sur le circuit des cocktails et des vernissages.

– Le fait que mon appartement se retrouve dans ton

press-book me donne-t-il droit à une ristourne? Étant donné que le budget initial n'est plus qu'un lointain souvenir... nous pourrions peut-être renégocier tes honoraires?

Jusque-là sur la défensive, Darien prit le mors aux dents.

– Mettons bien les choses au point, Bud. Il n'est pas question que je me vole. Je me suis défoncée comme une malade pour cet appart'... et tu sembles oublier qu'à New York il est impossible de décorer la moindre piaule pour moins de 100 000 dollars. Rien que les tentures...

Bud la coupa net :

– O.K., O.K., je plaisantais. Qu'est-ce que l'argent, de toute façon? Du moment que ça reste dans la famille...

Bud passa sur le balcon. Il avait besoin de respirer. A travers la vitre, il contempla la chambre, puis la jeune femme, emmuré dans ses pensées. La pièce était exquise, dans son élégance sobre. Parfaite. Et pourtant glacée, inaccessible... tout comme Darien. Darien, tellement passive lorsqu'ils faisaient l'amour, figée dans son attitude d'épouse victorienne blasée. « Faites de moi ce qu'il vous plaira, très cher. » Darien, délicieuse à regarder mais aussi froide au lit que les vieilles pierres qui l'entouraient.

S'il admirait la jeune femme et son appartement de l'East Side, l'un et l'autre lui inspiraient le même sentiment de malaise, une sorte de révérence peureuse. Il se tourna vers la nuit new-yorkaise, toute scintillante de promesses, et sonda les replis de son âme :

– Bud Fox, qui es-tu?

Mais l'introspection n'était pas son fort. Il ne tarda pas à abandonner ce douloureux exercice pour conclure qu'il avait tout ce dont un homme pouvait rêver. De l'argent. Une maîtresse superbe. Un appartement extraordinaire... un parcours sans faute. Alors, pourquoi se biler? se demanda-t-il. Il était temps de se remettre au boulot. De gagner de quoi payer toutes ces merveilles.

Il appela son agent de change à Hong Kong.

– Achète de l'or... 250 onces à 454 dollars l'once... convertis les obligations... mais pas avant d'avoir vérifié les cours à Tokyo. Quelle est ta grande idée du moment?... Non, je préfère attendre quelque chose de sûr. Des idées mirifiques, j'en entends mille par jour... qui pour la plupart ne valent pas tripette!

Bud reposa le combiné sur son socle.

« C'est une idée fumante qu'il me faudrait pour me catapulter dans l'orbite de Gekko », se dit-il.

Bud savait qu'il lui fallait lancer sa propre opération. Il ne cessait de penser aux achats en sous-main qui avaient permis la reprise de Teldar. Si seulement il pouvait dégotter un autre Teldar...

Assis devant son ordinateur, il fit défiler des écrans entiers de cibles potentielles. Les fichiers et les heures se succédèrent, mais aucun nom ne lui sauta aux yeux. Bien qu'épuisé, il continua sans désemparer, plus résolu que jamais à trouver l'oiseau rare.

Enfin, apparut sur l'écran quelque chose qui enflamma son imagination – le profil de la compagnie d'aviation Bluestar Airlines. Bien sûr, se dit-il. C'est idéal!

Buddy s'attela à mettre au point le plan qui ferait de lui un homme riche et respecté. Alors que l'aube pointait, il réveilla Darien pour lui faire partager le fruit de ses méditations.

– Darien, eurêka! La lumière a jailli...

Elle se tourna sur le côté.

– T'as encore passé la nuit à bosser? On t'a jamais parlé de la semaine de quarante heures? Tu commences à prendre des allures de vampire! Tu aimes trop le fric.

– Et alors? L'argent est aux années quatre-vingt ce que le sexe était aux années soixante-dix. La seule préoccupation digne d'intérêt après les maladies cardio-vasculaires. Darien, j'ai besoin de toute ton attention.

Ce fut à une décoratrice d'intérieur mal réveillée qu'il débita son projet, la mitraillant d'arguments sans réplique avant de conclure par un défi... et une prophétie :

– Tu t'imagines que je vais rester courtier toute ma vie? Ce coup va faire de moi un raider... un géant de la finance.

Se rendormant déjà, Darien marmonna :

– Deviens un géant tant que tu voudras, mais essaie d'abord de grandir un peu!

Ce matin-là, Bud s'invita à bord du jet privé de Gekko, qui avait une affaire à régler à Chicago, afin de présenter son projet à un Gordon captif sinon captivé. Dans le Gulf Stream, Gekko caressait complaisamment la croupe de la très jolie hôtesse française tandis que, sourire aux lèvres, celle-ci servait aux deux hommes champagne et caviar iranien. Buddy choisit ce moment pour mettre la question sur le tapis :

– Gordon, Bluestar est un diamant brut. En train de se faire gentiment laminer par une direction à moitié nase qui s'est notamment lancée dans une guerre des prix qu'elle n'a aucun espoir de gagner. Mais son infrastructure... ses comptoirs, ses portes d'embarquement et ses pistes à La Guardia justifient à eux seuls une action à 25 dollars. Le fruit est mûr, il faut le cueillir. C'est une affaire à ne pas rater, Gordon.

Gekko avait gardé un visage impassible tandis que Buddy annonçait la couleur.

– ... J'ai vu des gars autrement plus malins que moi se casser les dents sur des compagnies aériennes. Tu n'es jamais à l'abri d'une flambée des prix du pétrole et les syndicats y sont radicalisés à mort...

– Ouais, mais vous oubliez un point essentiel, Gordon. Le principe premier : les capitaux de réserve. Bluestar possède 75 millions de dollars, *disponibles*, dans une caisse de retraite surcapitalisée. Ça vous achète généralement une solide crédibilité auprès des banques.

Il avait enfin réussi à piquer la curiosité du raider. A cet instant Alex, qui s'était replié à l'arrière de l'appareil avec un téléphone, cria, bâillonnant le combiné à deux mains :

– Gordon, les assureurs regimbent à propos des fardiers de débardage...

– Dis à ces dégonflés que si ça ne leur plaît pas, on ira voir ailleurs. – Il se tourna vers Buddy. – Putain de Teldar! J'ai viré trente-trois cadres et deux cent cinquante employés... tu crois que ça aurait changé quelque chose?

Gekko couvrit soudain son interlocuteur d'un regard suspicieux.

– Tu m'as l'air bien nerveux, l'ami. Que cherches-tu vraiment à gratter dans cette histoire de compagnie aérienne?

Buddy se carra sur son siège, comme pour signaler qu'il était prêt à jouer cartes sur table.

– Gordon, tout ce que je veux – et je ne vous ai jusqu'ici jamais rien demandé – c'est être votre copilote dans cette opération. Je veux reprendre Bluestar, la remettre sur pied et en faire une affaire rentable. Si vous me laissez les coudées franches, nous allons nous faire de l'or en barres.

Gekko se tapota la tempe, indiquant par là à Buddy qu'il devait souffrir de déficience cérébrale.

– Je me demande pourquoi je perds mon temps à discutailler avec un courtier qui s'est mis en tête de devenir patron de compagnie aérienne... il va déjà me falloir au moins deux ans et deux mille cachets d'aspirine pour redresser Teldar, pour quelle raison irais-je m'encombrer d'une flopée de coucous qui battent de l'aile? Tu trouves que je n'ai pas assez de canards boiteux sur les bretelles comme ça?

– Gordon, j'ai bossé chez Bluestar. Je connais bien la boîte. J'y ai mes entrées et pas mal d'amis...

Le sourire goguenard de Gekko fit place à une expression d'intense concentration, comme si le financier venait de s'aviser qu'il y avait peut-être là un projet qui tenait la route.

– Pourrais-tu être un peu plus explicite?

Lentement, méthodiquement, Buddy débita son laïus, avec toute l'assurance d'un vieux routier de la politique :

– Le personnel – regroupé en trois syndicats – représente 43 % du budget d'exploitation de Bluestar... A lui seul le personnel navigant revient à 850 dollars par heure de vol. Si nous parvenions à négocier leurs contrats, à obtenir qu'un équipage assure son service pour 350, 400 dollars de l'heure, plus rien ne nous arrêterait. On enfoncerait même Texas Air...

– Qu'est-ce qui te fait croire que tu pourras obtenir des concessions salariales?

Buddy abattit sa carte maîtresse :

– Ces gens-là ont confiance en moi, Gordon. Ils m'écouteront. Je serai à leurs yeux un interlocuteur valable. Et mon père pourra nous aider à obtenir les réductions de salaires nécessaires.

Gekko plissa les lèvres, comme pour dire : « Mouais, ce n'est peut-être pas si débile que ça en a l'air », puis se tourna vers Alex.

– O.K., contacte Buckingham. Je veux qu'il me dresse un bilan complet de la situation actuelle de Bluestar Airlines... et demande à Jack Tayler de chez Thwick et Jensen d'examiner les aspects juridiques du problème.

Gekko adressa à Buddy un sourire sardonique... l'expression d'un serviteur du Malin, d'un être qui s'était regardé dans un miroir et s'y était vu en toute transparence.

– Eh bien, gamin, on dirait que l'élève a rattrapé le maître!

Buddy organisa une rencontre entre Gekko et les délégués syndicaux de Bluestar, auxquels il voulait présenter sans tarder ce qu'il appelait son « plan de sauvetage des Bluestar Airlines ».

Il était arrivé à la conclusion que la compagnie s'était enlisée dans une situation financière malsaine du fait que, aussi coûteuse qu'elle ait pu être, la politique de renforcement des équipements et de baisse des tarifs menée par l'actuelle direction n'avait pas été suffisamment agressive pour gêner les compagnies géantes. Son plan, du moins le croyait-il, lui permettrait de réaliser d'un coup toutes ses ambitions. Non seulement deviendrait-il, pour avoir évité aux employés de Bluestar les licenciements redoutés, un héros aux yeux des amis et voisins de ses parents, mais encore bénéficierait-il des avantages financiers et du prestige attachés à la fonction de décideur de premier plan dans une compagnie aérienne. Quoi de plus satisfaisant que de pouvoir accomplir une bonne action tout en servant ses intérêts personnels?

Toni Carpenter, représentante de l'Union du personnel navigant commercial, fut la première à franchir les portes de l'immeuble où Buddy avait son appartement.

Dans l'ascenseur, elle ouvrit son sac et, maniant expertement houppette et bâton de rouge, apporta quelques retouches à son maquillage discret.

Bud se présenta à la séduisante quadragénaire à laquelle il venait d'ouvrir la porte. Toni avait un port décidé, et le sourire prompt d'une personne habituée à servir les autres. Dans sa jolie tête fonctionnait l'esprit pratique et plein de ressources des vétérans des lignes commerciales.

Ducan Wilmore, un pilote chevronné, représentait l'Association du personnel navigant technique. Il fit son entrée dans son uniforme impeccable, accompagné par Al Tatum, délégué du syndicat des bagagistes. Al Tatum portait, lui, un bonnet de laine, un caban bleu marine et une chemise en flanelle à gros carreaux qui avait du mal à contenir les excédents graisseux et musculeux de son torse puissant.

Darien accueillit les deux hommes dans un fourreau en soie noire qui la moulait savamment. Sa chevelure blonde ruisselait gracieusement sur ses épaules nues. Derrière elle, la fenêtre panoramique du vestibule révélait, dans la nuit hachurée de neige, les lumières brouillées de la ville.

Le grand Al se pencha vers Duncan :

– Pu-tain!

Darien était le point d'exclamation qui ponctuait la réussite de Buddy. Al Tatum était prêt à accepter le monde irréel des Rockefeller et autres Mellon, mais il ne pouvait se remettre de la vision du fils de son copain Carl Fox vivant dans une reconstitution de palais gréco-romain en plein cœur de Manhattan. Il se demanda ce que ça faisait d'avoir pour maîtresse cette déesse blonde gainée de soie au lieu de s'envoyer des serveuses de bar dans des motels sordides. De vivre une vie où les factures ne comptaient pas. Où l'on n'avait pas à se taper des heures d'embouteillages sur les autoroutes interurbaines pour aller au turbin ou regagner sa banlieue le soir.

Serrant instinctivement les rangs, les syndicalistes prirent place les uns à côté des autres sur le sofa massif en lin écru, se sentant le courage incertain de ceux qui doivent affronter des forces qu'ils savent écrasantes. Ces hommes et ces femmes, investis depuis des années de la responsabilité de défendre les intérêts de milliers de familles, avaient à présent peur, peur de s'aventurer en terrain inconnu. De se mesurer à Gekko le Magnifique, spécialiste du rapt d'entreprises. Leurs cœurs battaient à tout rompre tandis que dans leurs esprits inquiets se bousculaient les pensées les plus contradictoires : « Même un prédateur peut se montrer imprévisible et faire mentir sa réputation... mener, dans certaines circonstances, une action positive... inutile de croire au père Noël, il n'y a rien à espérer de ce requin... »

Tandis que Darien servaient à leurs hôtes boissons fraîches et petits fours, Bud s'efforça de mettre chacun à l'aise, se répandant en menus propos et faisant la démonstration de sa platine laser.

Un silence sépulcral s'abattit dans la pièce alors qu'un coup de sonnette impérieux résonnait dans l'appartement. Darien alla ouvrir, exhibant, pour accueillir leur dernier invité, son sourire le plus enjôleur.

Carl Fox entra dans le vestibule, les cheveux encore saupoudrés de flocons grèges. Il refusa de confier sa veste de cuir à Darien, qui lui proposait de l'en débarrasser. Précédé de la jeune femme, il fit son entrée dans le salon. Bud étreignit son père.

– Eh bien, installe-toi, papa. Tout le monde est là. Nous n'attendions plus que toi.

Carl Fox survola la pièce d'un œil glauque puis marmonna dans sa barbe :

– Que je sois changé en républicain...

Mais Darien avait l'ouïe fine.

– Il m'arrive de travailler pour des démocrates, monsieur Fox. Fréquemment, même. Je partage cet appartement avec votre fils.

– Je sais. Vous allez très bien dans le décor.

Il se radoucit un instant :

– Très imaginatif. Impossible de reconnaître le trois-pièces que mon fils a acheté il y a trois mois.

– J'espère en tout cas que nous vous y verrons souvent, et dans des circonstances moins officielles... dit-elle d'un ton conciliant.

Bud saisit son père par le bras.

– Papa, tu connais Duncan Wilmore, du syndicat

des pilotes... Toni Carpenter, qui représente les hôtesses et les stewards. Et Al Tatum, délégué des bagagistes.

Carl Fox les salua sans cérémonie d'un petit signe de tête.

– Nous nous connaissions déjà avant ta naissance...

– Et je voudrais te présenter M. Gekko et son avocat, M. Solomon.

Gekko tendit spontanément la main, un sourire chaleureux aux lèvres, comme pour accueillir un ami de longue date.

– Ravi de faire votre connaissance.

Carl Fox dévisagea Gekko sans sourciller, sondant le visage de l'homme qui lui avait ravi son fils, à la recherche d'un indice susceptible de justifier la décision qu'il avait déjà prise au plus profond de lui... il ne voulait rien avoir à faire avec Gordon Gekko. Carl écouterait son rival, l'observerait, attendant que se présente l'occasion de le démasquer. Alors il montrerait à son fils le vrai visage de l'être qui, sous les oripeaux de la richesse, l'avait ensorcelé.

– Je croyais qu'il s'agissait d'une simple réunion de prise de contact. Alors, que fait-il ici, celui-là? lança-t-il tout à trac en pointant son index sur Harold Solomon.

Gekko sourit complaisamment.

– Harold, je suis sûr que vous ne verrez pas d'objection à aller faire, disons, deux ou trois cents fois le tour du pâté de maisons, n'est-ce pas?

– Bien sûr que non, répondit docilement l'homme de loi, qui éprouva néanmoins le besoin de consulter sa montre d'un geste théâtral avant de quitter la pièce.

Carl Fox et Gordon Gekko se mesurèrent du regard. Gekko décida de se jeter à l'eau sans attendre, avant que l'atmosphère déjà tendue ne se dégrade davantage. Il se tourna vers les syndicalistes :

– Écoutez, je ne me fais aucune illusion sur mes chances de remporter ce soir un concours de popularité. L'autre jour encore, un de mes bons amis demandait à la ronde : « Mais pourquoi faisons-nous tant de cas de cet individu? Y aurait-il pénurie d'êtres humains? »

Il n'en fallut pas davantage pour rompre la glace. Chacun s'esclaffa, à l'exception de Carl Fox. Gekko enchaîna d'un ton plus docte.

Déjà, Toni Carpenter avait ouvert son petit calepin rouge pour prendre des notes.

– Ce n'est pas nécessairement l'homme le plus populaire qui enregistre les meilleurs résultats. Votre société a accumulé un déficit budgétaire de vingt à trente millions de dollars. Les dividendes tournent autour de zéro. Vous êtes en train de vous faire saigner à blanc par les grandes compagnies. Les gens qui vous dirigent actuellement ne sont peut-être pas les pires canailles de la terre, mais ce sont eux qui vous ont lancés dans cette course de kamikaze. Et d'ici peu, ça va être la ruée sur les parachutes. A part qu'il n'y en aura pas pour tout le monde. Ce n'est pas pour la direction que je me fais du souci, mais pour vous, les employés.

Carl Fox s'était mis à croquer une carotte. Mastiquant bruyamment, il fixa l'homme d'affaires d'un air impénitent.

– S'ils mettent Bluestar en règlement judiciaire – et je serais fort étonné qu'ils ne le fassent pas – ils pourront se prévaloir des lois sur la faillite pour envoyer vos syndicats et vos contrats au diable et vous jeter à la rue sans autre forme de procès.

– Sans vouloir vous offenser, monsieur Gekko, intervint Duncan Wilmore, qu'est-ce qui nous prouve que vous ne ferez pas la même chose?

Gordon avait prévu la question.

– Je ne ferai rien de la sorte parce que j'ai une approche toute différente du problème. Une approche qui, à long terme, préservera les intérêts de chacun et remettra la compagnie à flot. Je n'irai pas par quatre chemins : je demande une réduction de salaire de 20 % à tous les échelons.

Le verre de Carl Fox tinta sur la table alors que Gekko continuait sans se démonter :

– Et sept heures de travail supplémentaires par mois...

Les délégués syndicaux échangèrent des regards sceptiques. Néanmoins, Gekko eut de quoi se sentir encouragé quand, au lieu de le planter là séance tenante, Toni Carpenter lui posa la question fatidique :

– Et ce pour combien de temps?

Déterminé à ne pas perdre l'initiative, Gekko observa une courte pause, offrant à son auditoire l'expression d'un homme prêt à franchir le Rubicon.

– Vous me donnez un an. Si nous sommes toujours dans le rouge, je vous demande de maintenir votre effort. En revanche, si la situation est redressée, je réallège en partie les horaires, les salaires en reviennent à ce qu'ils sont actuellement et... nous mettons en place un système de participation à base de distribution d'actions. De la sorte, vous devenez propriétaires d'une partie de votre entreprise.

Toni, Duncan et Al furent sidérés par cette dernière proposition. Gekko les avait amenés exactement là où il le voulait, tels des jouets téléguidés. Ils avaient désespérément besoin de croire qu'il existait une solution miracle aux problèmes de Bluestar. Buddy vit l'espoir renaître dans les rangs des syndicalistes. Quoique intrigué par le silence obstiné de son père, il adressa un sourire radieux à Darien. Carl observa ses collègues. Comment pouvaient-ils donner dans un piège aussi grossier? Son sang se glaça. Pour la première fois, il eut vraiment peur de Gordon Gekko.

– Êtes-vous prêt à coucher vos promesses par écrit?

Ce fut d'une voix débordant de sincérité que Gekko répondit :

– Je vous ferai parvenir une lettre d'engagement d'ici deux jours.

Toni Carpenter ne trouvait à priori rien à redire aux propositions du financier mais elle les jugeait un peu trop vagues sur le fond.

– Quelle sera votre stratégie commerciale? Comment comptez-vous nous remettre en selle?

Carl fut abasourdi par la facilité avec laquelle ses collègues avalaient la fable du redressement miracle que leur servait cet homme dont le seul titre de gloire était sa virtuosité à piller les entreprises en perdition. « Les potions des charlatans sont toujours plus populaires que les traitements radicaux prescrits par la réalité », songea-t-il, le visage assombri par le dépit.

Sentant son hostilité grandissante, Gekko s'employa à la neutraliser.

– Si nous laissions Buddy répondre à ces questions ?

Carl fox s'avança jusqu'à l'extrême bord de son siège, honteux de voir son fils si impudemment manipulé.

Bud se leva. Carl remarqua qu'il commençait à s'empâter. Il avait pris du ventre. Des poches de graisse alourdissaient ses paupières inférieures. Mais si son corps s'était avachi, son esprit, lui, semblait s'être aiguisé. Il s'exprima avec ferveur, prêchant avec la foi d'un prosélyte et donnant à tous envie de croire. De le croire. Le groupe était suspendu à ses lèvres. Chaque regard resta braqué sur lui alors qu'il arpentait inlassablement le salon.

– Merci, monsieur Gekko. Avant toute chose, je tiens à ce que vous sachiez que ma porte vous sera toujours ouverte, car je sais par mon père que c'est grâce à vous que Bluestar a pu jusque-là continuer à tourner. Nous devons agir sans délai pour sauver notre entreprise et nos emplois. Il nous faut, un, *nous moderniser*. Notre système informatique n'est pas à la hauteur. Nous devons l'adapter à nos besoins actuels et racler chaque dollar possible sur chaque place d'avion, sur chaque kilomètre parcouru. On ne vend pas un billet 89 dollars à un client qui est prêt à en donner 389. Une gestion informatique efficace devrait nous permettre d'augmenter notre capacité de 5 à 20 %, ce qui se traduirait par 50 à 200 millions de dollars de recettes supplémentaires. Ce qu'il faut retenir, c'est que nous sommes capables de battre les plus grands. Deux, *faire plus de publicité*, et surtout une publicité plus agressive, lutter contre les géants de l'air sur leur terrain. Trois – *nous étendre*, en nous implantant à Atlanta, en Caroline du Nord et à Dallas, réorganiser nos lignes secondaires. En deux mots : voir grand. Parce que c'est aux grands que nous allons nous attaquer, mes amis.

La ferveur de Buddy était contagieuse. Chevauchant la vague d'enthousiasme que le discours de son protégé avait soulevée, Gekko enchaîna :

– Voilà, les cartes sont sur la table. Qu'en pensez-vous?

Duncan Wilmore répondit d'un ton mesuré, mais optimiste :

– Si vous êtes sérieux, je crois que nous allons pouvoir nous entendre. Je soumettrai vos propositions à mes camarades.

Ayant consulté ses notes, Toni Carpenter livra ses conclusions :

– Vous avez exposé les grandes lignes de votre projet. J'aimerais bien voir la mouture définitive, mais jusqu'ici, ça colle.

Le grand Al hocha la tête en signe d'assentiment.

Bud se crispa. Tous les regards se tournèrent vers Carl Fox, qui se décida enfin à rompre le silence :

– Je suppose que si on vit suffisamment longtemps, on finit par avoir tout vu et tout entendu. Qu'avez-vous d'autre dans votre sac à malices, monsieur Gekko?

Gordon négocia l'insinuation avec habileté.

– Franchement, Carl, je ne vois pas ce que je pourrais vous offrir de plus. Mais si vous avez des suggestions, je serais ravi de les entendre.

Carl était assailli de doutes. Mais comment les exprimer alors qu'il était anéanti par le spectacle d'esclave consentant que lui offrait son fils?

– Ainsi qu'il est dit dans la Bible : « Alors un nouveau roi vint au pouvoir en Égypte pour qui Joseph était un inconnu... »

Gekko sourit poliment.

– Je vous demande pardon? Est-ce tiré des Proverbes?

– Non, de l'Exode... Depuis l'aube des temps, les riches ont baisé les pauvres. La seule différence entre l'ère des pyramides et celle de l'Empire State Building, c'est que les Égyptiens ne connaissaient pas les syndicats.

Il se leva et vint se camper devant ses collègues.

– Je vais vous dire, moi, ce que cherche cet homme. Le fric. Il est là pour rafler tout le pognon sur lequel il pourra mettre la main et il ne fera pas de quartier. Il se fiche éperdument de Bluestar... et encore plus de nous...

– Non, papa. Attends un instant...

Buddy s'était essayé à prendre un ton autoritaire afin de masquer la panique qui s'était emparée de lui. Mais Gekko ne le laissa pas continuer :

– Evidemment que c'est le fric que je cherche. Le profit est le but de toute entreprise commerciale. Pour l'instant, la vôtre est une mauvaise affaire, qui ne rapporte rien à personne. Mais si vous me laissez faire, tout le monde y trouvera son compte.

L'air soudain vieux et fatigué, Carl Fox se réfugia dans le cynisme :

– Il est vrai que mon fils a travaillé trois étés chez Bluestar comme bagagiste ou manutentionnaire. Avec une telle expérience, pourquoi douterais-je de ses capacités à gérer une compagnie aérienne?

– Très bien, fit Gekko avec un haussement d'épaules. Si vous ne voulez pas de nous, restez avec la racaille qui vous dirige actuellement... tout droit vers la faillite.

Révolté de voir une poignée de généraux de salon décider tranquillement de la mise à mort de la société pour laquelle il avait travaillé toute sa vie, Carl Fox explosa :

– Cette racaille, comme vous dites, a bâti une compagnie d'aviation à partir d'un malheureux DC 9 des surplus de l'armée. Créé quelque chose à partir de rien tandis que vous extorquiez des loyers exorbitants aux miséreux de Brooklyn. Si c'est ça que vous appelez la racaille, je préfère cent fois ce terme à celui de racketteur!

Un silence glacial tomba sur l'assistance. Ulcéré de se voir ainsi lâché par son propre fils et ses camarades de travail, Carl leva une main lasse en signe de reddition, lança un « je n'ai plus rien à faire ici » et planta tout le monde là sans autre forme de procès.

– Si les pères se mettent à trahir leurs fils, où allons-nous? siffla Gekko, furieux.

Bud courut après son père. L'ayant rattrapé devant les ascenseurs, il se mit à lui boxer l'épaule, tel un gamin dépité.

– Tu peux être fier de toi! Si tu cherchais à me faire passer pour un imbécile, c'est réussi. Pour ne rien dire de toi. Et garde ton couplet sur le thème « travailleurs de tous les pays unissez-vous » pour une autre occasion, je le connais par cœur. Tu vas te retrouver chômeur, papa, ça ne fait pas un pli. La compagnie et toi, vous allez partir à la casse, tu m'entends? Exactement comme Braniff. Vous n'avez pas l'ombre d'une chance. Vous allez vous faire bouffer. Si ce n'est pas par Gekko, ce sera pas un autre charognard.

La porte de l'ascenseur s'ouvrit. Les deux hommes pénétrèrent dans la cabine et allèrent s'adosser à la paroi du fond. Un couple insolite. Le même visage, la même dégaine, Bud suant dans son costume Armani, Carl fulminant dans sa veste d'aviateur.

– Il te fait marcher comme un pantin, Bud. Tu n'es qu'une marionnette dont il tire les ficelles. Un mannequin nu dans la vitrine de Macy's. Mais tu es trop aveugle pour voir qu'il te manipule.

– Ce que je vois, par contre, c'est un vieux mécano envieux qui ne peut supporter que son fils ait mieux réussi que lui.

– Non, Bud, ce que tu vois, c'est un homme qui n'a jamais mesuré le succès à l'épaisseur d'un portefeuille.

– La vérité, c'est que tu n'as pas eu le cran de te battre pour prendre ce qui te revenait.

La lassitude l'emporta sur la colère. Les traits de Carl s'affaissèrent.

– Mon garçon, si c'est vraiment ce que tu penses, j'ai raté ton éducation en beauté!

Ils émergèrent de l'ascenseur, prisonniers du moment, oublieux du monde qui les entourait.

– Pour ce qui est du chômage, je n'y suis pas encore. Et tant que je garderai ma place chez Bluestar, je continuerai à assumer mes responsabilités de délégué syndical.

Buddy essaya de toucher la corde sensible :

– Mais papa, tes responsabilités consistent à présenter à la base des *faits*, non tes opinions. Les adhérents te font confiance. Tu vas bousiller leurs vies... ne leur fais pas ça. Laisse-les décider par eux-mêmes. Par pitié...

– Que je sois damné si demain, quand mes hommes viendront aux nouvelles, on me prend à travestir la vérité!

Excédé par le ton vertueux de son père, Buddy

explosa :

– Tes hommes ! Toute ma vie, il n'y en a eu que pour eux. S'ils ont toujours pu compter sur toi, je suis loin de pouvoir en dire autant. Et si tu te trompais ? Et si un jour le soleil ne se levait plus à l'est ? Si les hirondelles n'émigraient plus en hiver ? Si pour une fois dans ta vie tu étais à côté de la plaque, hein ?

Dehors, la neige tombait à gros flocons, oblitérant temporairement la réalité, tissant un bouclier ouateux contre le cœur sombre de la ville. Bud saisit son père par le bras, désespéré. Les larmes ruisselaient sur son visage.

– Tu me dois une chance, papa. Je ne suis pas venu au monde avec une cuillère en argent dans la bouche. J'ai dû me défoncer comme un malheureux pour en arriver là où j'en suis aujourd'hui. As-tu envie de sabrer mon avenir ? De sabrer celui de tes camarades ? Réfléchis ! Fais montre de pragmatisme, pour une fois, je t'en prie... je t'en supplie... merde !

Carl contempla un instant les concierges qui, armés de pelles, étaient occupés à transformer les congères en gadoue, puis reporta son attention sur son fils. Un grotesque bonhomme de neige mendiant dans la nuit de quoi nourrir son ambition démesurée.

– Je ne fais pas la pute, Buddy. Pas plus que je ne couche avec une pute. C'est comme ça que je peux me regarder en face. Je ne sais pas si tu peux en dire autant. Pour Bluestar, j'espère sincèrement me tromper. Je laisserai les hommes décider par eux-mêmes. C'est tout ce que je peux te promettre.

Buddy regarda son père s'éloigner, chancelant dans la bourrasque... L'architecture diluée de la grande ville, la silhouette outragée ployant sous le poids de la lassitude. La seule pensée qui lui vint à l'esprit fut qu'il avait gagné.

20

Tout occupé à faire en sorte que ses désirs deviennent réalité, Buddy Fox n'était plus capable de percevoir les dangers qui l'entouraient. Aveuglé par l'égocentrisme de la jeunesse, il refusait de s'intéresser à quiconque ou à quoi que ce soit ne servant pas ses ambitions.

Le jeune homme à l'allure sévère chargé par la SEC d'enquêter sur les achats non identifiés de Teldar au service de surveillance de la Bourse de New York entra dans le bureau de son chef, chargé d'un épais dossier. Dans les établissements religieux qu'il avait fréquentés, Harry Hawkins avait appris à définir le bien et le mal selon des critères rigides et il n'était pas homme à se laisser influencer une fois son jugement arrêté. Le mot qui revenait le plus souvent dans sa bouche était « pureté », tel que dans « la pureté de nos institutions ». Du fait de son jeune âge –, il n'était guère plus vieux que Buddy – les dures réalités de la vie et le commerce de ses semblables n'avaient pas encore réussi à entamer les illusions qu'il entretenait sur « ce qui devait être ». Harry vivait sur une toute autre planète que les gens dont il surveillait les activités. Il ne parvenait même pas à comprendre leur âpreté au gain, qu'il jugeait absurde.

Dans le bureau exigu de Mickey Morgenstein, seule brûlait une petite lampe à néon. La pièce où flottait une agréable odeur de tabac à pipe, était encombrée d'une table de bois massive et d'un vieux canapé de cuir. Empilés sur l'un et l'autre meuble, traités de droit, gazettes juridiques, coupures de journaux et minutes de procès coudoyaient des montagnes de débris non identifiables. On aurait dit que les objets venaient d'eux-mêmes s'entasser dans ce carpharnaüm pour ne plus jamais en repartir. Les murs étaient tapissés de diplômes, de distinctions et de photos sur lesquelles le maître de céans posait en compagnie de toute une pléiade de célébrités. En dépit de cette exposition permanente, Mickey Morgenstein avait la persistante et irritante impression de ne pas jouir de toute la considération qu'aurait dû lui valoir sa longue et brillante carrière au service du gouvernement.

Morgenstein avait des lèvres lippues et un nez épaté qui s'épanouissait largement entre ses énormes bajoues. Derrière ses lunettes à monture d'écaille, ses yeux noirs semblaient minuscules et suspicieux. Figure très connue du barreau et des commentateurs d'arrêts, il n'était rien qu'il aimât davantage que d'exposer les subtilités de ses interprétations du droit à un auditoire de juristes. On chuchotait même qu'il collectionnait les dossiers les plus complexes à seule fin de parader dans les conférences d'auteurs.

Âgé de quarante-quatre ans et père de deux enfants sur le point d'entrer à l'université, il aspirait secrètement à se recycler dans le privé, à abandonner ses fonctions de procureur fédéral pour embrasser la carrière nettement plus rémunératrice d'avocat-conseil dans un cabinet juridique de Wall Street ou de Washington. Et il ne pouvait s'empêcher de se dire qu'une victoire retentissante sur l'une ou l'autre géante de la finance faciliterait grandement cette reconversion.

Le procureur invita Harwkins à s'asseoir. Les deux chaises de bois réservées aux visiteurs faisaient l'effet de deux pauvres orphelines devant son bureau chichement éclairé. Fidèles à leurs habitudes, les deux hommes ne perdirent pas de temps en vaines paroles.

– L'enquête sur Teldar piétine. Les acheteurs sont très dispersés, il s'agit pour la plupart d'entreprises et de courtiers étrangers qui échappent naturellement à notre juridiction.

Morgenstein cilla, comme si la conversation prenait une tournure par trop familière.

– Ne perdez pas votre temps avec une histoire de délit d'initié. J'ai un paquet de dossiers autrement plus complexes qui mériteraient une investigation poussée.

Harry revêtit son expression intransigeante de défenseur de la foi.

– Et moi je vous dis que je flaire là-dessous une gigantesque magouille!

Mickey Morgenstein parlait toujours d'un ton sentencieux. Il se pencha par-dessus son bureau, regardant son interlocuteur droit dans les yeux, espérant donner aux lieux communs qu'il allait prononcer tout le poids d'une bulle papale.

– Écoutez, vous allez vous enferrer dans une enquête fastidieuse au possible. Prouver un délit d'initié, c'est toujours la galère. Il faut se débattre avec des notions aussi abstraites que l'intention dolosive, les motifs et le lien de causalité. Et même si vous arrivez à coincer l'enfoiré en question, vous ne serez pas plus avancé pour autant. Un bon conseil, laissez tomber.

Mais Harry était un obstiné. Son intention de passer outre les recommandations de son patron ne fit aucun doute quand il se leva pour prendre congé :

– Cette fois, j'ai une piste sérieuse. Un gus d'Aspen qui a acheté 200 000 Teldar d'un coup.

Dixon Bates était un excité chronique. Néanmoins, son discours était ce jour-là particulièrement incohérent alors qu'il s'égosillait au téléphone.

A l'autre bout du fil, Buddy parvint enfin à endiguer le flot de paroles de son correspondant.

– Du calme, Dixon! De quoi parles-tu, au juste?

– De ce gus qui s'est annoncé comme un représentant de la Commission des opérations boursières, quoi que soit ce machin. Je n'avais pas plus tôt décroché le bigophone qu'il me posait des questions sur ces actions que tu m'as fait acheter...

Le regard de Buddy se voila.

– Que lui as-tu dit?

Dixon resta un instant interdit :

– Que j'étais dans mon bain et que je le rappelais

aussitôt séché, qu'est-ce que tu crois? Qu'étais-je censé lui raconter, d'abord? Quand tu m'as embringué...

– Hé, Dixon, on se calme, d'accord? On ne peut pas te reprocher d'avoir eu du flair en achetant des actions. Ça n'a rien d'illégal, que je sache. Et il n'est pas inhabituel, après le rachat d'une grosse boîte, de subir un contrôle de routine. Dis à ton bonhomme que tu as jugé que c'était là un investissement sain, point à la ligne.

Mais Dixon n'était toujours pas rassuré.

– Et s'il ne me croit pas?

– Il te croira.

– Tu es sûr?

– Oui. Relis la Constitution. Tout y est écrit noir sur blanc. Et rappelle-toi, tu ne sais rien.

Bates parut soulagé, quoique toujours sceptique.

– Je ne sais rien, O.K.

– Parfait. Rappelle donc ton gars. Et rappelle-moi ensuite. Et arrête de te faire des cheveux, d'accord?

La secrétaire de Buddy lui passa un appel de Roger Barnes. L'avocat voulait discuter d'une affaire urgente qui ne pouvait être traitée par téléphone. Buddy quitta Jackson & Steinhem à la hâte et sauta dans un taxi. Ce fut avec une expression préoccupée qu'il entra dans le bureau de Roger, chez Botts, Barnes & Dorrance.

– Alors, quel est le problème?

Barnes semblait terriblement nerveux.

– J'ai reçu un appel bizarre de la SEC. Ils ont demandé à consulter mes dossiers... Buddy, c'est sérieux...

Fox eut un haussement d'épaules confiant.

– Tu es un simple numéro sur un compte suisse et je suis l'homme invisible... mon ami n'arrête pas de subir des contrôles de leur part. Et ils repartent toujours la queue basse. Vu comme cette affaire a été ficelée, nous sommes invulnérables.

– Ce type de la SEC m'a demandé si j'avais connu Dixon Bates à l'université... c'est bien la dernière question à laquelle je m'attendais!

La situation était-elle en train de lui échapper? Tout son bel édifice sur le point de s'écrouler? Buddy réprima un frisson.

– Et que lui as-tu répondu?

– La vérité. Que nous nous étions à peine connus – nous n'étions pas dans la même année – et que je ne l'avais pas revu depuis.

Roger marqua un temps d'arrêt puis ajouta :

– Buddy, je préférerais que nous fassions une pause... plus d'appels ni de déjeuners jusqu'à nouvel ordre. Nous allons pour un temps interrompre notre collaboration, OK?

– Sûr, Roger. Si c'est ce que tu veux, pas de problème!

Un jeune avocat, manches retroussées et nœud de cravate pendant au niveau du troisième bouton de sa chemise fripée se matérialisa dans l'embrasure de la porte.

– Hé, Rog, c'est commencé!

Roger Barnes secoua la tête d'un air accablé alors que Buddy et lui sortaient de son bureau.

– Depuis que Gekko nous a mis sur le coup pour Bluestar, nous n'avons pas arrêté. Après une énième nuit blanche, nous sommes enfin prêts à passer en revue le calendrier des opérations. Tu veux venir voir?

Buddy ne put s'empêcher de trahir sa surprise.

– Il ne m'a même pas mis au courant...

– Qu'est-ce que tu crois? Tu n'es jamais que le futur président de la compagnie, rétorqua Barnes, à peine ironique.

Les deux hommes pénétrèrent dans une vaste salle de conférence, accaparée en son milieu par une immense table en bois vernis posée sur un tapis persan rouge et bleu. Adossées aux cloisons lambrissées, des chaises tapissées de velours rouge étaient alignées sous les portraits de six générations d'associés. Dans le mur ouest s'ouvrait une grande baie vitrée offrant une vue panoramique de Manhattan.

En dépit des visages sévères qui ornaient les murs, c'était des magiciens de la finance et non des sommités juridiques qui faisaient désormais la loi chez Botts, Barnes & Dorrance. La grande salle de conférence était équipée de tout l'arsenal moderne de la guerre des entreprises : micro-ordinateurs, calculatrices, équipements visiophoniques, magnétophones de poche, sans oublier les inévitables téléphones Merlin. Reliefs de nouilles chinoises, parts de pizzas racornies, boîtes de bière cabossées, gobelets de plastique, et débris de biscuits s'étaient immiscés dans cette débauche technique, ultimes témoignages des besoins essentiels de l'homme dans cet empire du semi-conducteur.

Un relent de sueur et d'angoisse flottait dans la pièce. Chaque corporation – hommes de loi, banquiers, comptables – était représentée par un associé et deux collaborateurs.

Roger interrompit les débats pour présenter Bud :

– Vous connaissez tous le futur patron de Bluestar, Bud Fox?

Chacun y alla d'un signe de tête distrait, marquant ainsi sa reconnaissance implicite du statut de président-potiche du nouveau venu.

Bud se tendit légèrement en voyant Bluestar se faire disséquer sous l'œil froid et calculateur d'une assemblée d'étrangers. Sur l'écran cathodique, une flèche lumineuse – qu'un jeune banquier déplaçait au moyen d'une souris au fur et à mesure que son patron développait son exposé – était pour l'heure positionnée sur un paragraphe consacré à la caisse de retraite de l'entreprise. Une caisse de retraite au capital de 75 millions de dollars.

Fox reconnut immédiatement l'intervenant comme étant l'un des associés de la New World Securities and Co, la plus active des banques d'affaires de Wall Street dans le jeu des OPA. Tel un ogre de contes de fées, il se frottait les mains avec jubilation tout en expliquant à quelle sauce Bluestar allait être mangée.

Burnside était repoussant de laideur. Il avait un nez crochu, des lèvres gloutonnes et un ventre distendu par les repas d'affaires, sur lequel bâillait une paire de bretelles rouges. Il assenait chacun de ses arguments avec force et agressivité, même quand il n'y avait pas lieu d'être agressif. Après avoir ébauché son plan d'attaque contre Bluestar, le banquier d'affaires s'en prit à ses homologues plus conformistes des banques commerciales, leur reprochant de faire attendre leur soutien logistique.

– Alors, les gars, où est le problème? Il est plus que

temps de sonner l'hallali... Gekko détient 12 % des parts et a pour l'heure les syndicats dans sa poche. Tout Wall Street sait que Bluestar est sur la sellette.

– Le titre a pris 2 points 1/4 depuis l'ouverture! lança son assistant.

Fronçant hargneusement les sourcils, Burnside continua sa harangue :

– D'ici une semaine, Bluestar sera aux mains des pros et la direction devra négocier, le couteau sous la gorge. Alors, qu'est-ce que vous avez encore à faire chier?

A voir son expression brutale et cruelle, on ne pouvait s'empêcher de se dire qu'il aurait été plus à sa place au Moyen Age, où il se serait certainement fait une joie de manier chevalets, tenailles et fers rouges pour parvenir à ses fins. Il s'était, un peu plus tôt au cours de cette même réunion, vanté de ce qu'un jour, du fait de ses méthodes, un de ses antagonistes s'était payé une crise cardiaque à la table des négociations. Le redoublement de ses vociférations communiqua un frisson à l'assemblée.

– Êtes-vous oui ou non décidés à participer à l'opération ou allons-nous continuer jusqu'à la saint-glinglin ces discussions stériles? Notre firme est prête à garantir 25 % de la structure de financement en obligations à long terme. Vos banques prêtent sans sourciller des milliards de dollars à des pays de bougnoules insolvables et vous nous chiez un flan pour un crédit réglo? Alors écoutez-moi bien, ou vous signez ce papier illico ou on va voir ailleurs pour les prêts à court terme...

Les banques commerciales sacrifiaient souvent à leur image de marque les gains colossaux que n'hésitaient pas à empocher les établissements spécialisés dans les OPA sauvages. Ce fut par une tentative de conciliation que l'un de leurs représentants répondit aux menaces de Burnside.

– Écoutez, nous avons trois banques prêtes à participer par rotation à une ligne de crédit confirmée sur quatre ans, mais nous devons obtenir l'assurance formelle que vous rembourserez le plus gros dans les six premiers mois, et pour ce faire...

– Trente banques! le coupa un Burnside plus caustique que jamais. N'est-ce pas merveilleux? OK, vous aurez toutes les assurances que vous voudrez, mon vieux, aucun problème!

Soucieux de ne pas compromettre leur commission, les trois représentants des banques commerciales firent taire l'indicible répugnance que leur inspirait Burnside et, sans hausser le ton, en revinrent à la question des conditions de crédit.

– ... et pour ce faire, nous ne voyons qu'une solution : liquider les hangars et les avions. Pouvez-vous garantir que de telles mesures seront prises? Qu'il s'agira bien d'un crédit-relais?

En entendant le mot « liquider », Buddy sentit son estomac se révulser. L'inéluctabilité du désastre le glaça d'effroi. Isolé dans son humiliation et sa détresse, il baissa les yeux et contempla son propre corps, comme s'il était irrémédiablement souillé. Ainsi son père avait eu raison. Un voile noir lui obscurcit la vue tandis que Burnside répondait aux banquiers :

– Garantir?... Ça ne fait pas un pli. Pour les hangars, les frères Bleezburg sont déjà sur les rangs. Ils comptent les abattre et construire des bureaux à la place. Quant aux zincs, nous pouvons les refourguer aux Mexicains. Et Midcontinental Air brûle de récupérer les lignes et les créneaux horaires de Bluestar. C'est comme si c'était fait. Alors, encore une fois, où est le problème?

Barnes fit passer un document aux bailleurs de fonds.

– Nous vous avons préparé une estimation chiffrée des appareils, des installations et de l'infrastructure. Tout y est inventorié, jusqu'aux rubans de machines à écrire!

Une angoisse mortelle, mêlée de honte et de dérision, rongeait Bud, telle une tumeur maligne. La voix de Burnside lui parvint, comme déformée par la distance, tandis qu'il exposait dans le détail la technique de dépeçage de Bluestar.

– ... mais le plus beau de l'histoire, c'est encore la caisse de retraite. C'est sur un magot de 75 millions que Gekko va mettre la main. Une fois versées aux six mille employés les indemnités minimum prévues par la loi, qui se monteront à 50 bâtons à tout casser, il lui restera un joli paquet à se mettre dans les fouilles. Tout compris, l'opération lui aura rapporté entre 60 et 70 millions. Pas mal pour un mois de boulot!

Il se tourna vers Buddy :

– Votre copain a travaillé comme un chef, Fox. Votre carrière de patron va être l'une des plus courtes de l'histoire de la libre entreprise! Maintenant, il va avoir des raisons de se faire appeler « Gekko le Magnifique ».

Bud quitta la salle de conférence avec l'impression d'avoir violé tous les tabous, d'être un fils parricide, d'avoir poignardé ses amis dans le dos, semé la destruction autour de lui. Tétanisé par la rage, il traversa au pas de charge l'antichambre du bureau de Gekko.

Natalie était au téléphone quand Bud passa comme une flèche devant son bureau.

– Buddy, vous ne pouvez pas entrer, chuchota-t-elle, la main en coupe sur l'appareil. Il est en réunion.

Sans lui prêter la moindre attention, Buddy ouvrit la porte à toute volée. Gekko était en conversation avec une délégation de Japonais. Il leva brusquement la tête pour refouler l'intrus.

– J'ignorais que nous avions rendez-vous ce matin!

– Je suis désolé mais cela ne peut attendre.

Gekko lui décocha un regard meurtrier.

– Je vous prie de bien vouloir m'excuser, messieurs...

Avec une courbette à l'orientale, ses hôtes se retirèrent sur la pointe des pieds. Alors que la porte se refermait derrière eux, le raider laissa éclater sa colère.

– Tu es cinglé ou quoi? Qu'est-ce qui te prend?

– J'ai appris qu'il allait y avoir une grande braderie de printemps chez Bluestar, répondit Buddy d'une voix affûtée par le chagrin. Pourquoi?

Gekko afficha l'expression d'un général sommé de rendre des comptes à un homme de troupe.

– Hier soir, j'ai lu à mon fils l'histoire de Winnie l'ourson et du pot de miel. Tu sais comment ça finit?

Le nounours colle son nez dans le pot une fois de trop et se fait piquer.

– Peut-être devriez-vous lui lire celle de Pinocchio. Vous m'aviez dit que vous vouliez remettre la compagnie à flot, pas la saborder! Vous vous êtes servi de moi...

– Quand on est aveugle, on se balade avec une canne blanche, fiston, lança Gekko d'un ton cinglant. Comme ça, on sait où on met les pieds!

– Quel besoin aviez-vous de démanteler cette société? Pourquoi?

– Parce que c'est tout ce qu'elle méritait. Après un examen plus approfondi du dossier, j'ai changé d'avis.

Buddy écrasa une main sur son front, désespéré.

– Mais si ces gens perdent leur emploi, ils sont foutus. Où voulez-vous qu'ils aillent? Mon père a travaillé vingt-quatre ans chez Bluestar. Je leur ai donné ma parole...

La voix de Gekko se fit aussi froide qu'un bloc de glace.

– Ce qui compte, c'est le pognon, fiston. Le reste n'est que bavardage. – Il se dérida. – Bud, tu vas, comme prévu, être le président de la boîte. Et quand viendra le moment d'enfiler les parachutes, tu seras paré. Tu verras, tu retomberas sur tes pieds en beauté. Avec le fric que tu vas palper, ton père n'aura plus à se soucier de travailler.

Mais Bud n'était plus en état de dissocier cliniquement le « nous » du « eux ».

– Dites-moi, Gekko... Où est la limite? Combien de Rolls faut-il pour être sûr d'éclabousser les autres? A partir de combien de millions de dollars peut-on s'estimer satisfait?

La voix de Gekko redevint glaciale.

– Buddy, il n'est pas question de limite. C'est à qui alignera le plus de zéros. Il faut qu'il y ait un gagnant et un perdant. L'argent lui-même ne se perd ni ne se crée. Il change simplement de mains. Comme par magie. Ce tableau m'a coûté 60 000 dollars il y a dix ans. Aujourd'hui, si je voulais le revendre, je pourrais en tirer dix fois plus. L'illusion est devenue réalité. Et plus elle est réelle, plus on la convoite. Le capitalisme dans toute sa splendeur!

Bud abattit son poing sur le bureau de Gekko.

– Vous n'avez pas répondu à ma question. Où est la limite?

– La vie ignore les limites, Buddy. C'est nous qui faisons les lois... l'actualité, les guerres, les armistices, les famines, les bouleversements sociaux... Nous sortons des lapins de nos chapeaux tandis que des millions d'individus passent leur vie à se demander où est le truc. Je ne crée rien. Je possède...

Gekko s'approcha du jeune homme et le prit par l'épaule.

– Tu n'es quand même pas naïf au point de croire que nous vivons dans une démocratie, Buddy? C'est la loi du plus fort, ici. Tu es du côté des prédateurs, profites-en. Tu as l'instinct du tueur, petit. Reste avec moi, j'ai encore beaucoup de choses à t'apprendre...

– De toute évidence.

Gordon Gekko remorqua Bud jusqu'à la porte.

– Crois-moi, Buddy, je comptais t'en parler le moment venu. Écoute, tu vas te calmer et venir dîner à la maison ce soir. Amène Darien.

– Je ne suis pas libre, ce soir, balbutia Buddy.

Le tenant toujours par l'épaule, Gekko s'immobilisa sur le seuil du bureau.

– Es-tu avec moi, Buddy, ou contre moi?

N'obtenant pas de réponse, Gekko raffermit l'étreinte de sa main sur son épaule. Une irrépressible impression de puissance, presque une menace, émanait de sa personne alors qu'il sondait le regard de Buddy.

– Je te veux avec moi, Buddy.

Il continua à fixer son protégé d'un air interrogateur.

– Mais je suis avec vous, Gordon, finit par lâcher Buddy d'un ton las.

Quand Buddy fut parti, mû par une rage rentrée, Gekko attrapa le premier téléphone qui lui tomba sous la main.

– Ici Gordon Gekko. Vous allez dorénavant boucler vos gueules sur Bluestar, sinon je viendrai personnellement vous arracher la langue!

Darien se figea d'horreur à la vue des colonnes

ioniennes, des vases antiques et des verres de cristal en miettes sur le sol de son salon. La tête de Buddy pendait par-dessus le bras du sofa. Roulant des yeux hébétés, le garçon agrippait une bouteille de Tequila vide.

Buddy avait l'impression d'être un enfant auto-immune enfermé dans une bulle, entouré de toutes parts par les inévitables agents de sa destruction. Ajoutait à son supplice la perception de plus en plus aiguë de sa responsabilité dans la tragédie qui allait frapper Bluestar. S'il souffrait de la trahison de son mentor et ami, plus douloureuse encore était la vérité qui s'était fait jour en lui. Gordon Gekko n'était que la projection des désirs les plus bas de Buddy Fox.

– Buddy, que se passe-t-il? s'enquit Darien d'une voix blanche.

– J'ai été joué dans les grandes largeurs. Et par un maître du genre. Le seul, le vrai, l'unique Gekko le Magnifique... liquidation totale... il va casser Bluestar en petits morceaux et tout bazarder...

Ramassant précautionneusement les débris d'un vase, Darien soupira mélancoliquement :

– Je suis désolée. Je craignais que quelque chose comme ça ne finisse par se produire.

Le visage de Buddy lui parut aussi blanc que le carré de Malevitch.

– Parle-moi de tresser la corde pour se pendre, repartit-il, d'une voix entrecoupée. Je lui apporte Bluestar sur un plateau d'argent. J'avais promis à mon père et aux autres...

– Buddy, tu n'y es pour rien. Ce n'est pas toi qui as pris cette décision.

Mais, derrière cette tentative de disculpation, Buddy ne perçut aucune sollicitude réelle.

– Je ne le laisserai pas faire, Darien.

La voix de Bud était soudain devenue égale, résolue, comme si le désespoir avait fini par le galvaniser. Darien blêmit, paralysée d'horreur à l'idée que l'on pût envisager de défier Gekko le Magnifique. Tous ses efforts tendaient vers un seul but : devenir la coqueluche de New York. Elle ne s'était jamais préparée à affronter un ennemi de la trempe de Gordon. Bien que comprenant la déception de Buddy, elle n'avait aucune intention de s'engager à ses côtés dans une lutte armée contre le raider.

– Laisse Gekko tranquille. Si tu le caresses à rebrousse-poil, il t'écrasera comme un moustique. Tu as travaillé dur pour arriver là où tu es arrivé. Si Gordon ne rachète pas Bluestar, quelqu'un d'autre s'en chargera. Et qui te dit qu'il ne fera pas la même chose?

– Au moins, ce ne sera pas moi qui aurait armé sa main.

Sentant la panique l'envahir, Darien se précipita vers Buddy et, le secouant comme un prunier, tenta de lui faire entendre raison.

– Es-tu devenu fou? Tu ne songes pas à faire une chose pareille?! Nous touchons au but, Buddy. Bientôt, toute la ville sera à nos pieds. Ne fous pas en l'air notre avenir, je t'en supplie...

– Je continuerai à travailler chez Jackson & Steinhem. Nous pourrons survivre sans Gordon Gekko.

– Ce n'est pas *survivre* qui m'intéresse. C'est ce que j'ai fait toute ma vie.

– Que suis-je censé comprendre par là?

Il y eut un long et pénible silence.

Darien se sentait prise au piège. Elle attendait de Buddy qu'il lui offre la grande vie, non qu'il lui prescrive une cure de renoncement. Fox et Taylor s'étaient associés pour satisfaire certains besoins, certaines ambitions. Entre eux, point de cette passion qui conduit la nature à faire fi de la raison. Buddy s'était imaginé partager ses secrets les plus intimes avec la jeune femme et que cela avait été réciproque. Il découvrait à présent que leur relation n'avait en rien évolué depuis le jour où ils s'étaient rencontrés.

Darien s'était éloignée de Bud. Elle avait les mains moites et frissonnait.

– ... Si tu décides de t'attaquer à Gekko... ne compte pas sur moi pour assurer le repos du guerrier... car je ne serai plus là.

Bud laissa éclater sa rage et son dépit :

– Tu penses vraiment ce que tu dis, hein? Que t'a-t-il promis? De te coter en bourse? Je suppose que sans l'argent et l'estampille de Gekko, je ne suis plus un investissement très sûr. Tu n'es qu'une pute de luxe, Darien. Qui s'offre au plus offrant!

Darien posa sur lui un regard froid. Qui se ressemble s'assemble, songea-t-elle.

– Tu es loin d'être par le premier un ange de pureté, Buddy. Tu as courtisé Gekko avec autant d'acharnement que tu m'as courtisé moi. Regarde-toi dans un miroir avant de parler...

– C'est ce que je fais, justement. Et je peux te dire que je n'aime pas ce que j'y vois, répondit-il en la toisant de pied en cap.

Elle avait raison, il le savait. La souffrance avait fait jaillir en lui une étincelle de lucidité. Il s'était tout autant servi de Gordon et de Darien qu'eux ne l'avaient fait de lui.

Darien rassembla ses affaires en silence et se dirigea vers la porte. Au moment de l'ouvrir, elle s'immobilisa et se tourna vers Buddy :

– Très bien, je m'en vais. Mais je ne veux pas te laisser sur l'impression que tout est aussi simple, Buddy. Quand je n'étais rien, que je n'avais rien, c'est Gordon qui m'est venu en aide. C'est lui qui m'a trouvé tous mes clients... toi y compris. Et il n'aurait qu'à faire ça... – Elle claqua des doigts. – Pour qu'ils me lâchent aussi sec. Tu découvriras peut-être un jour qu'il est plus dur de vivre dans la dèche quand on a connu le luxe que quand on a été fauché toute sa vie.

Buddy avait dans la même journée et de son seul fait perdu son maître à penser et sa maîtresse. Deux relations pernicieuses, qui n'avaient servi que des buts méprisables. Son explosion de rage contre Darien fut également un douloureux cri de haine lancé contre lui-même :

– Ferme ta sale gueule et tire-toi de là. Dès demain je ferai changer les serrures.

Quand tout fut dit, Darien rendit les armes et prit la porte :

– Tu ne le croiras peut-être pas, mais je tenais à toi, Buddy. Nous aurions pu faire une équipe formidable, tous les deux. Je suis vraiment désolée que ça ait tourné ainsi.

– Je t'ai dit de dégager.

Tandis que Darien attendait l'ascenseur, les yeux rivés sur la glace du palier, Buddy contempla son reflet dans le miroir surplombant le bar. Aucun des deux jeunes gens n'aima l'image à laquelle il se vit confronté.

Buddy arriva au bureau le matin suivant pour que lui soit communiqué le message que tous les fils dignes de ce nom redoutent de recevoir.

Buddy traversa au pas de course la salle des urgences et son cortège de souffrances. Dans cette Babel de l'angoisse, la douleur et les lamentations s'exprimaient à dose égale d'hindi, d'espagnol, d'anglais, de yiddish et de chinois.

Le jeune homme trouva sa mère en pleurs au pied du lit de Carl. Buddy ne put supporter de voir son père dans cette position incongrue, deux pieds largement écartés encadrant un visage hâve et sans expression.

– Maman, comment va-t-il?

– Il s'est plaint de douleurs dans la poitrine en arrivant au travail ce matin. La seconde d'après, il s'écroulait. Oh, Buddy, parle-lui, toi. Il est tellement buté...

Dominick Amato s'employa à la réconforter.

– Le docteur a dit qu'il était tiré d'affaire. – Puis, se tournant vers Buddy : – Tu peux lui parler quelques minutes, si tu veux, mais il est sous sédatifs.

Bud prit place sur une chaise, à côté du lit dont la tête disparaissait derrière un lacis de goutte-à-goutte, de cathéters et de moniteurs. Il grimaça un sourire, ne parvenant pas à dissimuler son angoisse.

– Eh bien, papa, je t'avais pourtant dit de ne pas soulever de 747 tout seul!

En entendant son fils, Carl Fox eut un pâle sourire.

– Il va falloir que tu te remettes vite, papa... pour maman, et pour moi... je crois que je n'ai jamais eu l'occasion de te le dire mais tu sais... je t'aime, pa... plus que jamais.

Bud se mit à sangloter, doucement, irrépressiblement.

– ... je n'ai jamais pensé toutes ces choses horribles que je t'ai dites l'autre jour... Pour moi, tu as toujours été un héros... le meilleur.

Les yeux de Carl Fox s'emplirent de larmes.

– Et tu avais raison au sujet de Gekko. C'est une ordure finie.

Carl n'eut pas besoin qu'on lui fasse un dessin. Il comprit aussitôt ce qui s'était passé. Non qu'il tirât la moindre satisfaction du fait d'avoir eu raison.

– Il s'apprête à démanteler Bluestar.

Le regard du malade se durcit. La frustration de Samson sous ses chaînes.

Buddy était accablé par sa propre culpabilité. Honteux de devoir avouer à son père qu'il avait vu juste dès le départ.

– Papa, si je te dis tout ça c'est uniquement parce que le temps presse. Il faut agir, et vite.

Carl Fox fixa anxieusement son fils, une prière dans le regard.

– J'ai un plan, papa. Qui a des chances de marcher. Je devrais pouvoir sauver la situation. Je sais que tu n'as aucune raison de me croire, mais je te supplie de me faire confiance... j'ai besoin de l'appui des syndicats... puis-je leur parler en ton nom?... Avec tes mots?

Carl tendit une main tremblante, qui vint effleurer la joue de son fils. Il murmura, d'un ton convaincu :

– Je suis fier de toi, Buddy. Va leur parler, mon fils.

21

Bud se glissa dans le box qu'occupait habituellement son père au *McGregor*.

La souffrance qu'il avait éprouvée au cours de ces dernières vingt-quatre heures, se combinant à la magie qui s'attachait encore aux souvenirs de son enfance à Queens, avait fait naître en lui un commencement de maturité, une nouvelle sagesse. Il savait qu'il serait vain d'espérer faire fléchir Gordon Gekko. Aucun quartier à attendre de la part du raider. Le recours à l'*action* était la seule solution qui s'offrait à lui. Une planche de salut sur laquelle il fallait sauter à pieds joints.

Il fut bientôt rejoint dans le box par Toni Carpenter, Duncan Wilmore et Al Tatum. Aussitôt, avec humilité, il les mit au fait de la situation. Les trois délégués syndicaux réagirent mieux que Bud ne l'avait escompté. Des années de lutte en milieu hostile les avaient habitués à encaisser les coups les plus rudes. Déterminés à prendre le taureau par les cornes pour mettre leur ennemi en échec, ils l'écoutèrent avec la plus vive attention tandis qu'il leur exposait les grandes lignes de son plan.

– ... l'action est à 19 1/4 et va continuer à grimper. Gekko pense qu'en démantelant Bluestar il la poussera jusqu'à 30 dollars. Ce qui veut dire qu'il l'achètera jusqu'à 23, 24 dollars, persuadé qu'il pourra encore faire un joli bénéfice.

– Comment savez-vous que les actions vont continuer à grimper? interrogea un Duncan Wilmore visiblement intrigué.

– Il est inutile que vous en sachiez davantage, monsieur Wilmore. Disons que j'ai quelques amis...

Le pilote n'eut pas besoin de s'en faire dire plus.

– D'accord. Que se passe-t-il ensuite?

Buddy usa d'un langage remarquablement modéré à l'égard de Gekko. Seule comptait la réussite du plan de sauvetage de Bluestar.

– Lorsque l'indice aura atteint le cap des 23 dollars, vous vous rendrez en délégation chez Gekko pour lui annoncer que vous lui retirez votre soutien. Quand il saura qu'il peut faire une croix sur les concessions salariales et horaires que vous lui aviez promises, il comprendra que, s'il veut expliquer son plan de liquidation, il lui faudra au passage essuyer de lourdes pertes d'exploitation. Du coup, il abandonnera le navire et revendra ses parts.

– Mouais. Mais qui va les lui racheter? Et surtout, qu'est-ce qui va empêcher un autre requin de venir nous bouffer tout cru? s'enquit Toni Carpenter.

– Nous avons, dans une heure exactement, rendez-vous avec quelqu'un qui devrait pouvoir répondre à votre question, répliqua Bud. J'ai dehors une voiture qui va nous mener à cette personne.

Le groupe émergea de la limousine sur la 5e Avenue. Bud s'adressa au portier :

– Nous avons rendez-vous avec M. Wildman.

Bud et les trois syndicalistes furent introduits dans un salon somptueusement décoré, dont les fenêtres donnaient sur Central Park. Un collaborateur de l'homme d'affaires britannique leur proposa rafraîchissements et amuse-gueules, mais aucun d'eux n'était d'humeur à songer à son estomac. Tous étaient trop impatients de savoir quel accueil l'imposante figure installée face à eux dans un fauteuil de chintz allait réserver à leur proposition.

Buddy n'y alla pas par quatre chemins :

– Sir Laurence, que diriez-vous d'acquérir Bluestar Airlines pour 18 dollars l'action, avec à la clé d'importantes concessions syndicales et le plaisir de damer le pion à Gordon Gekko?

Wildman se carra dans son fauteuil.

– Cela pourrait effectivement m'intéresser. Mais encore faudrait-il que je sache ce qui se cache derrière cette proposition. Je croyais que vous rouliez pour Gekko?

Bud ne trahit aucune émotion.

– Disons que M. Gekko et moi-même avons sur cette affaire des opinions divergentes. Je tiens pour ma part à voir cette société refaire surface.

Il pointa un index sur les documents étalés sur le bureau de Wildman.

– Et les chiffres que vous avez sous les yeux prouvent qu'elle en est capable.

Wildman porta son attention sur ses autres visiteurs, sondant un à un leurs regards.

– Et vous êtes prêts à accepter des réductions de salaire aussi conséquentes?

– Nous le sommes, confirma Duncan Wilmore tandis que ses camarades hochaient la tête en signe d'assentiment. Mais nous voulons que vous nous garantissiez par contrat – et quand je dis contrat, je ne parle pas d'un vague papelard sans valeur, mais d'un contrat en béton – que vous ne débiterez pas la boîte en petits morceaux une fois que vous l'aurez achetée.

Les mains jointes derrière la nuque, sir Laurence se laissa aller contre le dossier de son fauteuil.

– Je vous écoute...

Aussitôt la réunion terminée, Buddy fila tout droit chez Jackson & Steinhem, où son premier soin fut d'aller glisser à Marvin Wycoff :

– Bluestar, Marvin. Mets tous tes clients sur le coup... et fais discrètement passer le mot aux collègues...

– Merci, vieux frère! lui cria Marvin tout en composant le numéro de son meilleur institutionnel à qui il annonça la seconde d'après : J'ai un tuyau de derrière les fagots pour vous. Oui, je vous en ai réservé la primeur.

Une fois dans son bureau, Fox communiqua quelques brèves instructions à sa secrétaire puis entreprit d'écumer son réseau de courtiers. Aux quatre coins de la planète, retentit la même injonction : Acheter Bluestar au mieux. Pour finir, il composa un numéro familier et jeta d'une voix étouffée :

– Sabot Bleu aime Bluestar Airlines...

Le journaliste tenta sans succès d'engager la conversation avec son correspondant anonyme, dans l'espoir d'en apprendre davantage sur ce coup de bourse en gestation. Mais comme pour Anacott Steel, il dut vérifier l'information par ses propres moyens.

Une foule d'agents de change s'agglutinaient frénétiquement autour du poste du spécialiste de l'action Bluestar, brandissant des ordres d'achat et de vente. L'opérateur enregistrait les transactions aussi vite que ses doigts pouvaient courir sur le clavier de son ordinateur. Le ticker marqua une succession de petites hausses : 20 1/4; 20 1/2; 21; 21 1/4... Le spécialiste, un vieux de la vieille répondant au nom de Carl Lewis, procéda à un rapide tour d'horizon. Ceci fait, il cria à la ronde :

– J'ai 400 000 BLS à acheter...

Jane appela Bud par l'interphone :

– M. Gekko en ligne... oui, oui, lui-même.

Buddy feignit la perplexité la plus totale :

– Ouais. Je vois que ça vient de passer à 22 1/8, mais je ne sais qu'en conclure.

Gekko s'inquiétait de l'éventualité d'une offre concurrentielle.

– Le pot aux roses est découvert. Tes petits copains des syndicats ont ouvert leur gueule. Alors maintenant, on n'a plus le choix, il faut foncer. Achète tout ce que tu pourras rafler, puis rappelle-moi. Je te jure que si je mets la main sur l'enfoiré qui est à l'origine de la fuite, ça va saigner!

Alors qu'il raccrochait furieusement, l'action BLS enregistra sous ses yeux une nouvelle hausse de 1/8.

Buddy pénétra dans la salle de courtage. Marv était aux anges.

– Bluestar est déjà sur Alpha du Centaure...

– Vends! dit laconiquement Buddy.

– Tu veux que je vende?! s'étrangla Marv.

– Et pas plus tard que tout de suite. Dis à tout le monde de tout balancer.

Quand le mot d'ordre eut retenti aux quatre coins de la grande salle, les courtiers se précipitèrent sur leur téléphone pour enjoindre leurs clients de vendre.

Pendant ce temps-là, Gekko arpentait son bureau, un téléphone à la main et une grimace crispée sur les lèvres tandis qu'il essayait d'obtenir des réponses à ses questions.

– Qui diable est derrière ce merdier? Que disent les arbitragistes? C'est forcément un gros poisson.

– Ils ne comprennent pas ce qui se passe, répondit Alex d'une voix apeurée. Ils sont tous là à acheter comme des malades. La bourse tout entière est en train de nous contrer!

Natalie entra dans le bureau de son patron, affolée.

– Monsieur Gekko, il y a là un groupe de gens de Bluestar Airlines qui exigent de vous parler.

– Qu'est-ce qu'ils me veulent, ces oiseaux-là?

A cet instant, Duncan Wilmore fit irruption dans la pièce, suivi de près par ses deux acolytes.

– Je vais me faire un plaisir d'éclairer votre lanterne!

Bien que surpris, Gekko conserva tout son calme tandis que Wilmore continuait :

– Nous savons ce que vous manigancez, monsieur Gekko. Mais laissez-moi vous dire ceci : – Il lui fit un superbe bras d'honneur. – Vous pouvez aller vous faire foutre! Pour dépecer Bluestar, il vous faudra d'abord me passer sur le corps.

Gekko feignit l'indignation. Comment pouvait-on lui prêter de si noirs desseins?

– Vous devez avoir des informations ultra-confidentielles, les gars! Si ce sont là mes projets, j'ai le regret de vous dire que je n'en ai jamais entendu parler.

Toni Carpenter eut un sourire caustique.

– Objecteriez-vous à nous confirmer ceci par écrit... au dos de votre chèque?

Gekko poussa son bluff jusqu'au bout :

– Permettez-moi de vous rappeler que nous avons déjà conclu un accord... que j'entends vous voir respecter.

– Dans ce cas, j'espère que vous avez votre licence de pilote, se gaussa Wilmore.

– Le système de réservations est très complexe. Vous ne pouvez pas imaginer la pagaïe que c'est quand on a le malheur de relâcher son attention! lança Tony Carpenter d'un air de prendre les choses par-dessous la jambe.

– Et je ne vous parle pas de tous les bagages enregistrés pour Pittsburgh qui peuvent malencontreusement se retrouver à Petersburg, renchérit le grand Al.

Gekko sentit la moutarde lui monter au nez.

– Écoutez-moi bien, espèces de clowns, quelqu'un est en ce moment même en train d'essayer de vous racheter. Alors, si vous avez envie d'être phagocytés par un Attila de la finance, libre à vous!

Wilmore répliqua sur le même ton sarcastique :

– Nous sommes prêts à courir le risque. Au plaisir, monsieur Gekko.

Sur le bureau du raider, chaque téléphone clignotait comme un arbre de Noël. Gekko décrocha le premier qui lui tomba sous la main.

– Oui, Alex?

– Fox dit que Bluestar a atteint 24 1/2. Que doit-il faire?

Gekko resta un instant silencieux, comme s'il cherchait à endiguer la vague de fureur qui menaçait de submerger sa raison.

– Qu'il vende! Pour une fois, on se contentera de grapiller quelques millions.

Wildman s'était quant à lui retiré sur son yacht, d'où il resta en permanence en contact avec son courtier par radio-téléphone. Tout en s'entretenant avec le responsable des opérations sur actions de chez Ruff, il garda un œil vigilant sur son Quotron.

– 24 1/2? Non, je ne sais pas ce qui se passe... pas exactement. J'ai ouï dire que l'acheteur serait Gekko... N'y touchez surtout pas tant que ça continuera à grimper... Seulement s'il y a une amorce de baisse, et par petites touches. En revanche, si ça dégringole jusqu'à 18, achetez tout ce qui se présentera.

– Vu!

Wildman, d'un calme olympien, se renversa dans son transat, tout guilleret à la pensée du joli coup qu'il était sur le point de réaliser... aux dépens de Gekko le Magnifique.

A la bourse de New York, le spécialiste se démenait comme un beau diable pour donner un semblant d'ordre au marché Bluestar, les vendeurs surgissant de toutes parts tandis que les acheteurs ne se manifestaient que lorsque le titre enregistrait une nouvelle baisse. Quand le titre fut retombé à 20 dollars, Gekko réunit un conseil de guerre.

– Les arbres sont en train de se faire décimer. Où sont passés les acheteurs? demanda Ollie Steeple, dans un rare moment de totale hébétude.

Alex était terriblement nerveux, et pour tout dire, franchement inquiet.

– On est en train de se faire bouffer, Gordon...

Harold Solomon s'adressa d'un ton peureux à Gekko, qui était à présent avachi dans son fauteuil, passif, un combiné de téléphone pendouillant, tristement muet, par-dessus son épaule.

– Il doit bien exister un moyen de se sortir de là...

– Ouais, on pourrait toujours essayer d'appeler police-secours.

Complètement dépassé par les événements, Gekko regardait, atterré, ses millions disparaître dans un gouffre sans fond, avec l'impression de se faire pomper tout son sang.

– Fox, bordel de merde, où diable étais-tu passé? brailla-t-il dans son téléphone. Je suis en train de paumer une fortune. Écoute-moi bien, mon petit vieux, c'est toi qui m'as fourré dans ce guêpier, alors t'as intérêt à m'en sortir. Parce que, dans le cas contraire, je te garantis qu'on ne voudra même plus de toi pour balayer le parquet de la Bourse! Tu m'entends, Fox?

Installé à son bureau, chez Jackson & Steinheim, Bud remplissait un ordre de vente. Il répondit d'une voix égale :

– Vous m'avez un jour dit qu'en affaires la règle d'or était de toujours garder la tête froide. Ce n'est pas le moment de céder à la panique, Gordon. Le titre est à 18 1/2 et continue de chuter. On me signale qu'il y aurait éventuellement un repreneur à 18. Gordon, c'est votre courtier qui vous parle : vendez!

Gekko entra dans une rage folle, maudissant tout et

chacun. Fox éloigna l'écouteur de son oreille, puis hurla d'une voix impérieuse :

– Gordon, nous sommes à deux minutes de la clôture. Je suis en ligne avec le parquet. *Que décidez-vous?*

– Balance tout! marmonna lugubrement Gekko, tel un seigneur de la guerre acculé à une reddition sans condition.

L'agent de change de Wildman s'avança vers le poste du spécialiste de l'action Bluestar.

– J'achète à 18.

Le bloc de Gekko changea de mains alors même que le gong retentissait pour marquer la fin de la séance.

Ce fut l'une des rares fois où Gekko quitta son bureau suffisamment tôt pour pouvoir regarder le journal télévisé de dix-huit heures. Il alluma son Sony à écran géant pour suivre la rubrique financière.

– ... mais à Wall Street, l'événement du jour a sans conteste été le spectaculaire mouvement de yo-yo enregistré par Bluestar Airlines. Enflé par des rumeurs d'O.P.A., le titre s'est littéralement envolé pour frôler les 25 points. Puis, des bruits contradictoires commençant à circuler, les acheteurs se sont rués aux abris et la valeur s'est effondrée pour s'échanger à 18 dollars à la clôture.

La mine sinistre, Gekko attendit la fin du commentaire :

– ... mais, parmi toutes les rumeurs qui alimentent la chronique, il en est une qui provoque ce soir une véritable onde de choc dans la communauté financière. En effet, dans les milieux autorisés, on chuchote que le fameux raider, sir Laurence Wildman, se serait porté acquéreur d'un bloc considérable de Bluestar et serait sur le point d'annoncer un plan de relance pour la compagnie aérienne, plan qui aurait reçu l'aval des syndicats...

Il fallut à Gekko quelques secondes pour comprendre. Ses pupilles se dilatèrent alors que les pièces du puzzle se mettaient lentement en place, laissant enfin apparaître la terrible vérité : le « grand » Gekko s'était fait piéger comme un débutant. Sa main alla happer le cendrier en verre sur le chariot-bar et le précipita sur le téléviseur.

L'écran géant vola en éclats.

Gekko était fou. Dès le début il avait senti que Fox lui apporterait des ennuis. Et malgré cela, faisant fi de cette intuition, il avait pris sous son aile ce jeunot mal dégrossi. Noyant sa déprime dans un double scotch, il ne put s'empêcher de se demander s'il fallait voir là un simple incident de parcours ou la preuve qu'il avait avec l'âge développé des tendances suicidaires.

Un silence inhabituel régnait dans la salle de courtage alors que Bud remontait l'allée centrale pour gagner son bureau. Bien qu'accablé par le poids de ses transgressions récentes, il se sentait d'une certaine façon régénéré par le rôle qu'il avait joué dans le sauvetage de Bluestar. Chuck Cushing se détourna à la hâte, sans même se fendre d'un signe de tête, alors que Marv Wycoff fixait l'écran vide de son Quotron d'un air embarrassé. Lou Manheim aborda Buddy dans le couloir exigu desservant les bureaux et s'adressa à lui d'un ton bourru, empreint d'une affection toute paternelle.

– Je t'aime bien, Buddy. Essaie de retenir ce que je vais te dire : c'est quand il est au bord de l'abîme qu'un homme découvre sa vraie personnalité. C'est ça qui l'empêche de basculer dans le vide.

– Je crois que je vois ce que vous voulez dire... répondit Bud d'un air absent, tentant toujours d'analyser l'atmosphère étrange qui l'entourait.

Quand il entra dans son bureau, Janet, sa secrétaire, essaya de lui dire quelque chose mais il l'interrompit :

– Appelez-moi mon père, voulez-vous, Janet?

Dans la pièce, le jeune enquêteur de la SEC qui le traquait depuis des semaines était occupé à sceller ses dossiers. Un deuxième homme, arborant un badge argenté sur le revers de son veston, s'était approprié son fauteuil et son téléphone. Un troisième larron, à l'allure très prononcée d'officier de justice, regardait par la fenêtre, l'air de s'ennuyer ferme. Sombrement rencogné dans l'angle de la pièce, Hy Lynch toisa Bud d'un regard glacial.

– Il vient d'arriver. Je vous rappellerai plus tard, dit le policier avant de raccrocher.

Les trois hommes produisirent illico leurs documents officiels. Adoptant un ton de circonstance, Hawkins déclara :

– Monsieur Fox, vous êtes en état d'arrestation pour fraude organisée à la législation réglementant les opérations boursières et délit d'utilisation abusive d'informations privilégiées.

On lui signifia ses droits. Avant qu'il n'ait eu le temps de faire ouf, des menottes lui enserraient les poignets.

Bud se sentit tout à coup plongé dans la solitude des damnés, tandis que des mains étrangères prenaient possession de lui. Avant qu'on ne l'emmène, Hy Lynch, prenant lourdement appui sur sa canne, lui cracha fielleusement au visage :

– J'ai toujours su que vous ne valiez pas la corde pour vous pendre, Fox...

Flanqué de ses « gardes du corps », Buddy s'engagea dans l'allée centrale de la salle de courtage. Assailli de visions de cachots, il courba la tête, toujours plus bas, comme si ses vertèbres ployaient sous le poids de la honte. Sur son passage, la plupart de ses collègues détournèrent les yeux. Chuck Cushing, armé d'un instamatic à flash électronique, immortalisa l'événement.

Le marché venait d'ouvrir. Les téléphones trépignaient, les téléscripteurs crachaient inexorablement leurs messages sans que personne n'y prenne garde. La mort sembla passer dans la salle de courtage.

Bud avait les yeux rougis de pleurs quand il passa devant la réceptionniste noire. Celle-ci parvint à ânonner les timides paroles de réconfort que savent prodiguer les opprimés.

– Tiens bon, Buddy.

Un rideau de pluie balayait Central Park. Tête nue, engoncée dans un trench-coat, Gordon Gekko se tenait, immobile, sur le tertre herbeux qui dominait Sheep Meadow. La silhouette isolée qui se détachait, lugubre, sur l'horizon brouillé de pluie, était une illustration frappante du mot « solitude ». Les étendues boueuses qui entouraient le raider ravivèrent en lui le souvenir de Campsville.

Gordon Gekko garda un visage de marbre alors que Buddy Fox s'avançait vers lui d'un pas hésitant. Les deux hommes se firent face, l'air désemparé.

– Salut Buddy.

– ... Gordon...

Gekko para son visage d'une expression impénétrable. Un sourire joua sur ses lèvres.

– Tu m'as proprement roulé dans la farine, avec cette histoire de Bluestar...

Il haussa les sourcils. Sur son front se creusèrent de profonds sillons.

– Je suppose que tu t'imagines avoir donné une bonne leçon au maître, que cette fois c'est la queue qui a remué le chien, hein?

Le sourire de Gordon s'envola.

– Quand on est rayé de mes papiers, on est rayé du monde des vivants. La glace est en train de rompre sous tes pas, mon pote.

Son regard s'enflamma soudain, reflétant toute l'humiliation et la haine d'un amant trompé. Sans crier gare, il laissa exploser la rage qui l'habitait. Son poing s'écrasa sur le nez de Buddy. Saisissant le garçon par les revers de sa veste, il lui assena une pluie de gifles avant de l'envoyer rouler sur le sol boueux. Le bourrant de coups de pieds dans les côtes, il parla avec la colère froide d'un maître fustigeant l'ingratitude de son esclave :

– Tu crois que tu aurais pu aller aussi loin et aussi vite tout seul? Que tu aurais pu te pavaner dans les hautes sphères et niquer une fille de la classe de Darien? Non, tu serais encore en train de racoler des médecins de campagne et des petits retraités pour leur fourguer quelques poignées d'actions bâtardes. Je t'ai pris sous mon aile, toi qui n'étais *rien*! Je t'ai ouvert toutes les portes... je t'ai montré comment fonctionnait le système!

Trempé de boue, Fox se remit sur ses pieds, chancelant. Tel un ruisseau enflé par les crues de printemps, le sang jaillit de son visage tuméfié. D'un crochet du gauche, Gekko lui fendit la lèvre. Sous la violence du coup, le jeune homme retomba à terre, sans un mot, sans même esquisser un geste de défense. Le dominant de toute sa hauteur, Gekko continua à cracher son venin avec un débit quasi extatique :

– Je t'ai appris la valeur des informations privilégiées. Comment les obtenir! Anacott Steel, Brant Resources, Geodynamics, Fulham Oil. Et c'est comme ça que tu me remercies, espèce d'agioteur à la petite semaine! Moi qui ai fait de toi un homme. Qui t'ai tout donné.

D'une façon confuse, la victime était d'accord avec son bourreau. Bud accueillait son châtiment presque avec soulagement. Il parvint à se mettre sur ses genoux, la gorge obstruée de sang, épuisé. La colère de Gekko était tombée. Il poussa un long et douloureux soupir. En signe de remords, il tendit son mouchoir au garçon, pour qu'il étanche les flots de sang qui coulaient de son nez et de sa bouche. Il murmura doucement, tristement :

– Tu aurais pu être l'un des plus grands, Buddy... chaque fois que je te regarde, j'ai l'impression de voir un autre moi-même... Pourquoi?

Bud dévisagea celui qui avait été son ami, son gourou, écartelé entre le regret et la certitude que sa trahison était justifiée.

– Je ne sais pas. Mon père m'a dit un jour que l'argent était un bon serviteur et un mauvais maître. Je suppose que j'ai fini par me rendre compte que je n'étais que Bud Fox. Qu'autant que je puisse le désirer, je ne serai jamais Gordon Gekko.

Il fixa mélancoliquement Gordon mais, bâillonné par le désespoir, ne put en dire davantage. Puis il se détourna, aveuglé par les larmes, et s'éloigna, laissant le raider seul sur la butte que venaient lécher les éclairs vomis par les cieux en furie.

A la vue du jeune homme couvert de sang et de boue qui traversa d'un pas vacillant l'élégante salle à manger, tous les clients de la *Tavern On The Green*, péquenauds en balade comme New-Yorkais pure souche, eurent un mouvement de recul.

Dans les toilettes de l'établissement, Fox contempla l'image que lui renvoyait le miroir tandis qu'Harry Hawkins lui déboutonnait sa chemise pour récupérer le microphone maintenu sur son torse par de la bande adhésive.

Hawkins et l'agent du F.B.I. écoutèrent attentivement l'enregistrement. Buddy rentendit Gekko énumérer les coups qu'ils avaient montés ensemble.

– Vous avez fait ce qu'il fallait, Buddy, dit Hawkins.

Bud se détourna de l'abomination que réfléchissait le miroir, prêt à vomir.

Le matin suivant, alors que venait de retentir la sonnerie signalant l'ouverture de la séance, Lou Manheim, Hy Lynch et Marv Wycoff se penchèrent de conserve sur l'imprimante du téléscripteur de l'Agence Reuter :

LE PROCUREUR FÉDÉRAL VIENT DE CONFIRMER L'INCULPATION DU FAMEUX RAIDER GORDON GEKKO ET DE L'AGENT DE CHANGE BUD FOX SUR LES CHEFS DE FRAUDE ORGANISÉE A LA LÉGISLATION RÉGLEMENTANT LES OPÉRATIONS BOURSIÈRES, FRAUDE FISCALE ET FRAUDE PAR VOIE POSTALE. MICKEY MORGENSTEIN A ANNONCÉ SON INTENTION DE REQUÉRIR PERSONNELLEMENT AU NOM DU GOUVERNEMENT DANS CE QU'IL A QUALIFIÉ « D'AFFAIRE LA PLUS IMPORTANTE QU'AIT EU A TRAITER LA SEC ».

22

Ce fut avec le regard vide et la démarche désarticulée du condamné que Bud rejoignit ses parents à la cuisine, où ils prenaient leur petit déjeuner.

Il avait l'air particulièrement austère dans son costume bleu marine de chez Macy, sa cravate de laine rouge, et ses mocassins vernis noirs. Mme Fox examina son fils avec l'attention inquiète qu'elle accordait aux fleurs de son jardin.

– Tu ne vas tout de même pas porter cette cravate, Buddy?

Mais le regard douloureux du jeune homme lui signifia sans équivoque que l'heure n'était pas aux commentaires d'ordre vestimentaire.

– Une tasse de café, Buddy? s'empressa d'intervenir son père.

– Non, merci. Je suis déjà suffisamment nerveux comme ça!

Carl Fox se pencha sur sa chaise pour vérifier l'heure à la pendule murale accrochée au-dessus du réfrigérateur.

– Je crois qu'il est temps de se mettre en route.

Les muscles noués, Buddy se leva, tristement résigné.

– Ouais, je ne voudrais surtout pas être en retard à mes propres funérailles!

La voiture franchit laborieusement le pont de la 59ᵉ Rue, noyée dans le flot de véhicules affluant vers Manhattan à l'heure de pointe, roulant inexorablement vers le Palais de Justice de Foley Square, sis à deux pas de Wall Street.

En dépit de la douceur de cette belle matinée de printemps, Bud était parcouru de frissons. Son père s'essaya à lui prodiguer un peu de réconfort, sans complaisance :

– Tu as dit la vérité, rendu l'argent. Tout bien considéré, dans ce monde débile, tu mériterais presque une médaille!

– Et puis, renchérit sa mère, tu as contribué à sauver la compagnie. Les collègues de ton père ne l'oublieront jamais.

Les parents de Bud avaient le curieux sentiment que parler ainsi sans arrêt permettrait de conjurer le péril qui guettait leur fils.

– ... si j'étais toi, je réfléchirais à la proposition de Wildman. Bluestar a besoin de gens comme toi...

Bud décida de trancher dans le vif.

– Papa, je vais aller en prison, et tu le sais.

Carl secoua une tête affligée.

– Peut-être est-ce effectivement le prix qu'il va te falloir payer, Bud. Ce sera dur, très dur. Mais peut-être aussi que, d'une façon tordue, c'est la meilleure chose qui pourra t'arriver... cesser ta chasse aux gros sous, faire quelque chose de constructif de ton existence au lieu de vivre du commerce de tes semblables.

– Tu y arriveras, Buddy, ajouta Mme Fox avec confiance. Je te connais, quand tu as décidé quelque chose, rien au monde ne saurait t'arrêter.

Buddy ne répondit pas. Son regard se perdit dans le lointain.

Ils arrivèrent à l'angle de Foley Square.

– Il va falloir trouver à se garer, fit Carl Fox. Pars devant, nous te rattraperons.

Bud gravit l'escalier abrupt du Palais de Justice, le visage de la défaite, écoutant l'écho indifférent de ses pas sur les marches de granit.

« Je vois maintenant... trop tard, mais je vois ce que Lou Manheim essayait de m'expliquer, songea-t-il, accablé. Je faisais partie d'un tout, à Wall Street. Comme à Queens, à l'époque... et je me suis vendu par une vaine obsession. »

Le souvenir de son enfance éclaira d'une pâle lueur

sa plus sombre nuit au fond de l'abîme. Une voix intérieure s'éleva faiblement pour endiguer son désespoir :

« A présent, tout peut commencer. »

Achevé d'imprimer en janvier 1988
sur les presses de l'Imprimerie Bussière
à Saint-Amand (Cher)

PRESSES POCKET - 8, rue Garancière - 75285 Paris
Tél. : 46-34-12-80

— N° d'édit. 3023. — N° d'imp. 3357. —
Dépôt légal : octobre 1987.

Imprimé en France